ADAC Reiseführer

Schleswig-Holstein

Nordsee, Ostsee und die Inseln

von Alexander Jürgens

Intro

Unterwegs

Karten und Pläne

Service

Leserforum

Die Meinung unserer Leserinnen und Leser ist wichtig, daher freuen wir uns von Ihnen zu hören. Wenn Ihnen dieser Reiseführer gefällt, wenn Sie Hinweise zu den Inhalten haben – Ergänzungs- und Verbesserungsvorschläge, Tipps und Korrekturen – dann kontaktieren Sie uns bitte:

Redaktion ADAC Reiseführer
ADAC Verlag GmbH
Am Westpark 8, 81365 München
Tel. 089/76 76 41 59
reisefuehrer@adac.de
www.adac.de/reisefuehrer

Schleswig-Holstein Impressionen

Land zwischen zwei Meeren

»Es ist der schönste Fleck auf dem Erdenkreise!«, schwärmte der dänische Schriftsteller *Jens Baggesen*, der 1791 von seiner Reisestation nördlich von Malente gar nicht wieder aufbrechen wollte. Seitdem entdecken immer mehr Besucher diese von zwei ebenso unterschiedlichen wie ansprechenden **Küsten** flankierte Landschaft im Norden Deutschlands. Richters Reiseführer ›Ost-Holstein‹ wendet sich 1909 bereits an ein breiteres Publikum und schwärmt von den ›landschaftlichen Reizen des schönen Holsteiner Landes‹, das erstaunliche **Vielfalt** berge: Die Äcker im Osten, eingerahmt von *Knicks* genannten Buschhecken, im Westen die fruchtbaren flachen **Marschen** mit fetten Weiden und Gemüsefeldern, vom Meer durch breite **Deiche** getrennt, auf denen Schafherden weiden. Der Wasserreichtum tut ein Übriges: In ganz Schleswig-Holstein schlängeln sich kleine Flüsse der Küste entgegen, Buchten schneiden tief ins Land, herrliche Mischwälder umgeben die anmutigen Seen der **Holsteinischen Schweiz** und des alten Herzogtums Lauenburg. Das besondere, klare Licht, die Komposition seiner Farben – blühende gelbe Rapsfelder, grüne Wiesen, Hecken und Wälder, das helle Blau eines leicht bewölkten Himmels und das dunklere Blau des Meeres – haben schon viele für den angeblich kühlen Norden erwärmt. An der See kommen dazu noch die Brandung des Meeres, das Geschrei der Möwen und Seeschwalben sowie der anregende, frische Wind – drei weitere gute Gründe, sich im Urlaubsland Schleswig-Holstein wohl zu fühlen.

Region im Wandel

Doch auch im nördlichsten Bundesland bleibt die Zeit nicht stehen. Das Bild wogender Kornfelder und schwarz-bunter Kuhherden auf grünen Wiesen täuscht mitunter. Die klassische **Landwirtschaft**

macht nur noch 1,6 % des Bruttoinlandsprodukts aus, über die Hälfte wird inzwischen im Dienstleistungssektor erwirtschaftet. Zu diesem Ergebnis steuert der **Tourismus** in erheblichem Maße bei, dem stets eine ›persönliche Note‹ anhaftet: Gäste finden zahlreiche familiäre Unterkunftsmöglichkeiten, sei es in Privatunterkünften, Pensionen oder auf einem der zahlreichen Campingplätze, oft an heimeligen Buchten oder in überschaubaren **Seebädern**. Selbst die großen Städte wie **Lübeck** oder **Kiel** nehmen Besucher schnell mit ihrem Charme gefangen – ob mit oder ohne stilgerechte Backsteinbauten. Größere Industrieansiedlungen findet man in Schleswig-Holstein nur im Gewerbegebiet von Brunsbüttel östlich des Nord-Ostsee-Kanals. Von traditionell großer Bedeutung sind auch der **Schiffsbau** und der internationale **Warenumschlag** in den wie eh und je betriebsamen Häfen.

Landschaft mit Geschichte

Die Eiszeiten der letzten 2 Mio. Jahre begruben Nordeuropa und auch das heutige Schleswig-Holstein mehrmals unter

Oben: *Hansische Tradition, spätgotisch umrahmt: Holstentor und Petrikirche in Lübeck*
Links oben: *Buddelspaß am Nordseestrand*
Links: *Ein Sommertraum zwischen Wyk und Utersum – 15 km Sandstrand locken hier!*

einem mächtigen Eispanzer. Vor rund 18 000 Jahren begannen die Gletscher, das bislang letzte Mal abzuschmelzen. Moränen bildeten die **Hohe Geest**, den 10–50 m aufragenden Höhenzug, der sich gleichsam als Rückgrat von Nord nach Süd durch das Bundesland zieht. Vor dem Einsatz moderner Ackerbaumethoden galt sie als trocken und unfruchtbar, war jedoch als überschwemmungssicherer Pfad trotzdem sehr belebt. Der historische **Heer- und Ochsenweg** vom nördlichen Jütland bis nach Wedel an der Elbe ist heute eine gut ausgebaute *Fahrradstrecke* und folgt noch immer dieser alten Fernverkehrsroute.

Nach dem Abschmelzen der Gletscher wurde **Fehmarn** vor etwa 4000 Jahren zur Insel, und die anwachsende Nordsee schnitt **Helgoland** vom Festland ab. Im heutigen Ostholstein entstanden Hügel und Senken, dazwischen die zahlreichen reizvollen Seen und Moore.

Ein Land, zwei Küsten

Schleswig-Holstein wird von zwei unterschiedlichen Küsten begrenzt. Attraktive **Sand-** und **Kiesstrände** sowie kilometerlange Steilufer säumen das Land nach Osten zum baltischen Meer, der **Ostsee**. Hier ist der Wechsel von Ebbe und Flut wenig spürbar. Anders an der ein bis zwei Fahrtstunden entfernten Westküste. Die rauere **Nordsee**, eine Ausbuchtung des Atlantischen Ozeans, verzeichnet zwischen Hoch- und Niedrigwasser alle sechs Stunden einen Tidenhub von bis zu 3 m. Bei Ebbe fallen weite Gebiete vor der Küste trocken. Diese in Europa ein-

malige **Wattlandschaft** wird in Schleswig-Holstein seit 1985 als Nationalpark geschützt. Urlauber, die eine *Wattwanderung* planen, tun gut daran, sich zuvor genau über die Tidezeiten zu informieren oder mit einem kundigen Führer zu gehen, um nicht von der aufkommenden Flut überrascht zu werden.

Bei starken Westwinden drückt die Nordsee gegen die **Deiche**, die das Land und seine Menschen gegen die Fluten zu schützen versuchen. »Wer nicht deichen will, muss weichen«, heißt ein alter Rechtssatz über die Verpflichtung jedes Landeigentümers zum Hochwasserschutz. Die Siedler der frühen Zeiten legten ihre im flachen Marschland verteilten Höfe auf künstlich geschaffenen Hügeln an, den *Warften* oder *Wurten*. Auf den niedrigen Halligen von Nordfriesland ist dies noch immer der einzige Weg, bei Sturmflut trockene Füße zu behalten.

Oben: *Blick auf Flensburgs Hafen und die vom Turm der Marienkirche überragte Altstadt*
Links Mitte: *Gediegen-norddeutsche Gastlichkeit trifft der Besucher an vielen Orten an*
Links unten: *Die flache Halbinsel Eiderstedt ist ein ideales Radelrevier*
Rechts: *Schleswig-Holstein Musik Festival: Scheunen und Herrenhäuser sind die Bühne*

Moderne Zeiten

An den breiten Sandstränden von **Amrum** und dem mondänen **Sylt** sowie auf anderen Nordseeinseln tummeln sich Sonnenanbeter, vor der Küste reiten *Surfer* auf der Dünung. Der weite Himmel über der ebenen, grünen Marsch, die endlos scheinende Weite des Watts und der Nordsee mit ihrem fernen Horizont sind für viele Urlauber das optimale Kontrastprogramm zur Hektik des Alltags, ein ideales **Ferienland**.

Oben: *Abendliche Ruhe liegt über dem tagsüber so belebten Strand von St. Peter-Ording*
Links Mitte: *Kieler Woche – für den Erfolg muss bei der Crew jeder Handgriff sitzen*
Links unten: *Im Sommer prägen blühende Rapsfelder die Holsteinische Schweiz*
Rechts oben: *Helgolands roter Felsen bietet seit vielen Tausend Jahren der Nordsee Trotz*
Rechts Mitte: *Ein blau-weiß gekachelter Traum ist der Königspesel auf Hallig Hooge*
Unten: *Für Beachvolleyball und viele weitere Attraktionen steht Timmendorfer Strand*

Seit mehr als 1500 Jahren ist das Land immer wieder von verschiedenen Völkern besiedelt worden. Angeln, Sachsen, Wenden, Jüten, Wikinger, Dänen und Friesen wanderten ein oder eroberten die Region, wurden wieder vertrieben oder zogen aus eigenem Antrieb weiter. Das Land zwischen Flensburger Förde und Elbe war dabei viele hundert Jahre **Zankapfel** vor allem zwischen Ansprüchen der dänischen Krone und Interessen deutscher Fürsten. Erst nach dem Zweiten Weltkrieg konnte eine stabile Regelung erreicht werden. Seitdem ist die Grenzlinie unstrittig, und die Rechte der jeweiligen sprachlichen Minderheiten in beiden Staaten sind zufriedenstellend geregelt. Kurzum es herrscht gute **Nachbarschaft** zwischen Flensburg und Sønderborg, Niebüll und Tønder.

Die trotz all ihrer Marschen, Deiche, Felder und Knicks naturbelassen wirkende *Kulturlandschaft* ist vor allem im Osten, im **Grafenwinkel**, reich an Herrenhäusern und Schlössern. Viele davon werden nach wie vor privat genutzt, andere sind als Museen öffentlich zugänglich. Im Westen, in **Nordfriesland** und vor allem in **Dithmarschen** findet man Zeugnisse einer wohlhabenden *Bauernkultur*, die sich lange gegen adlige Herrschaft behaupten konnte. Mächtige Bauernhöfe, Zunft- und Ständehäuser erzählen die Geschichte selbstbewusster Landmänner und Handwerker – eine ähnliche Szenerie prägt auch die Insel Fehmarn. Restaurierte **Stadtzentren** wie im mittelalterlichen Lübeck, die Kaufmannshöfe von Flensburg, das an Brueghel-Gemälde er-

Kaleidoskop mit Kurzessays vermittelt Hintergrundinformationen zu Besonderem und Originellem, **Praktische Hinweise** ergänzen die Ortsbeschreibungen um Adressen von Informationsstellen, Schiffsverbindungen, Kulturstätten sowie Hotels und Restaurants. **Schleswig-Holstein aktuell A bis Z** informiert über die Region allgemein – von Anreise über Gastronomie bis zu Sport und Verkehrsmitteln.

innernde Ortsbild von Friedrichstadt, das von Dänemarks König Christian IV. im Stil der Renaissance angelegte Glückstadt an der Elbe oder die dicht gedrängten roten Backsteingebäude um das gotische Rathaus von Mölln sind baugeschichtliche Kleinode.

Der Reiseführer

Der vorliegende Band stellt Schleswig-Holstein, seine Inseln, Küsten, Städte und Landschaften in **acht Kapiteln** vor. Auf besondere Highlights unter den Sehenswürdigkeiten, Hotels, Restaurants etc. weisen **Top Tipps** hin. Neben dem erprobten Nummernsystem erleichtern detaillierte **Stadtpläne** und genaue **Übersichtskarten** die Orientierung. Ein

Geschichte, Kunst, Kultur im Überblick

Auf ewig ungeteilt: vom dänischen Herzogtum zum nördlichsten Bundesland

18000–8000 v. Chr. Die Gletscher der Eiszeit ziehen sich nach Norden zurück. Erste Besiedelung des späteren Schleswig-Holstein durch altsteinzeitliche nomadisierende Jäger und Sammler.

3000–1500 v. Chr. Sesshaft gewordene Bauern und Viehzüchter schaffen mächtige Megalith-Steinsetzungen und bestatten ihre Toten in Hügelgräbern.

100 n. Chr. Der Rom großer Geschichtsschreiber Tacitus spricht in seinem Werk »Germania« von wilden Völkerstämmen nördlich der Elbe – den Kimbern, Ambronen und Teutonen.

um 450 Von ihren Siedlungsgebieten im heutigen Schleswig-Holstein setzen Angeln und Sachsen auf die britischen Inseln über und drängen dort in blutigen Kämpfen die Römer zurück.

um 650 Dänen besiedeln von Norden her den Raum um Schleswig. Slawen wandern aus Osten ein, im Westen leben Jüten, auf den Nordseeinseln Friesen. Im Kernland verbleiben weiterhin Sachsen.

Welch große Kunstfertigkeit die Wikinger beherrschten, zeigt diese Bronzenadel des 10. Jh. aus Haithabu.

8. Jh. Die Dänen errichten zum Schutz ihres Reiches gegen die Franken südlich von Schlei und Treene einen Grenzwall – das Danewerk.

798 Der fränkische Herrscher Karl der Große besiegt die Sachsen auf dem Sventanafeld bei Bornhöved.

808 Dänenkönig Göttrik baut die alte Wikingersiedlung Haithabu an der Schlei zu einem der wichtigsten Handelsplätze in ganz Nordeuropa aus.

◁ Im 12. Jh. hatte Heinrich der Löwe in Lübeck das Sagen

810 Der Steinwall des Limes Saxoniae zwischen den heutigen Städten Kiel und Lauenburg trennt die nördlich siedelnden Sachsen und Slawen vom südlich gelegenen Frankenreich. Ebenfalls zum Schutz der Grenze errichtet man am Zusammenfluss von Alster und Elbe die Hammaburg, das spätere Hamburg.

831 Sachsen und Slawen verweigern sich lange der Missionierung. Erst im 12. Jh. ist die Christianisierung der Region abgeschlossen.

1066 Zerstörung von Haithabu – zunächst durch Harald den Harten von Norwegen, kurz darauf endgültig durch slawische Einwanderer aus dem Osten.

1093 In der Schlacht auf der Schmilauer Heide bei Ratzeburg schlagen die Dänen endgültig ihre ewigen slawischen Widersacher und nehmen das Land im Norden bis zur Eider in Besitz.

1111 Sachsenherzog Lothar von Süpplinburg, der spätere Kaiser Lothar III., belehnt den Grafen Adolf von Schauenburg mit Holstein und mit Storman. Dithmarschen bleibt selbstständig.

1158 Der mächtige Sachsenherzog Heinrich der Löwe lässt Lübeck zum Handelshafen ausbauen.

1188 Kaiser Friedrich I. Barbarossa bestätigt Lübeck auch nach dem Sturz Heinrichs des Löwen in ihren Rechten als Freie und Reichsstadt (Barbarossa-Privileg).

1214 Kaiser Friedrich II. verzichtet zugunsten des Dänenkönigs Waldemar II. auf

te marien magdalenen
daghe. Dar wart en grot
strit de koning wart sege
los. unde wart hertoghe

unde buwede en stat. Na
deme pavese honorio wart
gregorius paves. De kei
ser wart sek unde ne wor
do nicht over mere. dar
umme dede ene de paves
to banne. Do makede de
biscop van bremen ene e
veninghe twischen deme
koninge unde eine unde

Ein (fast) zeitgenössisches Dokument: Die Sächsische Weltchronik von 1300 schildert den Sieg des Grafen Adolf IV. von Schauenburg und Holstein über die Dänen bei Bornhöved (1227)

alle Grenzlande und Ansprüche nördlich der Elbe.
1227 Graf Adolf IV. von Schauenburg siegt bei Bornhöved über das dänische Heer Die Eider wird wieder deutsch-dänische Grenze.
13./14. Jh. In London schließen sich deutsche und flandrische Händler zu einem Bund zusammen, aus dem wenig später die deutsche Hanse hervorgeht – eine erst kaufmännisch motivierte, bald auch politisch wirkende Vereinigung mehrerer Handelsstädte. Die ca. 100 Mitglieder, unter ihnen Reval, Danzig, Hamburg und Köln, werden bald von Lübeck, der ›Königin der Hanse‹, dominiert. Die enorme Macht des Bundes endet erst nach dem Dreißigjährigen Krieg, rund 300 Jahre nach seiner Gründung.
1370 Im Streit mit der Hanse ist Dänenkönig Waldemar IV. gezwungen, durch Unterzeichnung des Stralsunder Vertrages Frieden zu schließen. Danach können dänische Herrscher nur mit Billigung der Hansestädte bestimmt werden.
1460 Die lokale Führungselite wählt den dänischen König Christian I. zum Herzog von Schleswig und Grafen von Holstein. Im Vertrag von Ripen gelobt dieser, Schleswig und Holstein sollten »ewich tosamende ungedeelt« – ewig zusammen [und] ungeteilt – bleiben.
1490 Die Söhne Christians I., Johann und Friedrich, teilen Schleswig-Holstein unter sich auf und regieren von Segeberg bzw. von Gottorp aus.
1536 Der Protestantismus wird in Dänemark und somit in auch in Schleswig-Holstein zur Staatsreligion erhoben.

Er festigte im 17. Jh. die dänische Macht in Schleswig und Holstein: König Christian IV.

1559 Ein dänisch-schleswigsches Heer unter Johann Rantzau besiegt die bis dahin standhafte freie Bauernrepublik Dithmarschen in der ›letzten Fehde‹.
1615 Um Hamburgs Macht zu beschneiden, gründet der Dänenkönig Christian IV. (1577–1648) den Elbhafen Glückstadt.
1618–48 Protestantische Union und katholische Liga fechten den verheerenden Dreißigjährigen Krieg aus, der einzelne Orte in Schleswig-Holstein schwer trifft. Beispielsweise brennen im Jahr 1627 Wallensteins katholische (kaiserliche) Truppen Rendsburg und Schloss Breitenburg bei Itzehoe nieder.
1657 Dänemark, Verlierer im Krieg gegen Schweden, muss im Frieden von Roskilde auf Schonen verzichten und 1658 die Kontrolle über das nun souveräne Schleswig-Gottorf aufgeben. Dessen Herzog hatte sich frühzeitig auf die schwedische Seite geschlagen.
1665 Herzog Christian Albrecht gründet die Universität in Kiel.
1700–21 Das russische Zarenreich, Sachsen-Polen und Dänemark stehen im Nordischen Krieg gegen Schweden. Nach anfänglichen Sie-

Zur Eröffnung des zunächst nach seinem Großvater benannten Nord-Ostsee-Kanals bereiste 1895 Kaiser Wilhelm II. an Bord seiner Jacht ›Hohenzollern‹ die neu geschaffene Wasserstraße

gen verliert dessen Heer bei Poltawa. Zar Peter I. gewinnt im Ostseeraum großen Einfluss, und die dänische Krone unter König Friedrich IV. übernimmt den Gottorfer Anteil von Schleswig.

1773 Über ihren verstorbenen Gatten Zar Peter III. besitzt Katharina II. Erbrechte in Holstein. Im Vertrag von Zarskoje Selo tritt die russische Zarin alle Ansprüche in Schleswig und Holstein an Dänemark ab.

1777–84 Bau des Eiderkanals, der als Vorläufer des Nord-Ostsee-Kanals gilt.

1814 Nach dem verlorenen Krieg tritt Dänemark im Kieler Frieden Helgoland an Großbritannien ab.

1830 Uwe Jens Lornsen, der Landvogt von Sylt, fordert eine gemeinsame und liberaldemokratische Verfassung für Schleswig-Holstein und die Trennung von Dänemark. Er wird daraufhin abgesetzt und zu einjähriger Festungshaft verurteilt.

1838 Gründung der Schiffswerft Kieler Howaldtswerke.

ab 1848 Nationalrevolutionäre Bestrebungen gewinnen an Raum. Das Lied ›Schleswig-Holstein meerumschlungen‹ wird zur Hymne, ein blau-weiß-rotes Banner zum Symbol der Unabhängigkeitsbewegung von Dänemark. In Kiel bildet sich eine provisorische Regierung, die den deutschen Einigungsbestrebungen verpflichtet ist. Nach einer Niederlage der Aufständischen gegen Truppen Dänemarks in der Schlacht bei Idstedt (1850) und nach Maßgabe des Londoner Vertrags von 1852 bleibt Schleswig-Holstein jedoch dänisch.

1864 Dänemark unterliegt im Krieg gegen Österreich, und Preußen. Der Wiener Frieden legt daraufhin fest: Die Herzogtümer Schleswig und Lauenburg werden von Preußen, Holstein wird von Österreich verwaltet.

1867 Nach Preußens militärischem Sieg über Österreich im Jahr zuvor fallen Schleswig und Holstein an den preußischen Staat.

1875 Vier Jahre nach seinem Bruder Heinrich, ebenfalls ein großer Autor, wird in Lübeck Thomas Mann geboren. Für seinen 1901 erschienenen Roman ›Buddenbrooks‹ erhält er 1929 den Literatur-Nobelpreis.

1882 Der ›Kaiserliche Yacht Klub‹ veranstaltet die erste Kieler Regatta.

1890 Deutschland verzichtet gegenüber England auf die Insel Sansibar betreffende Gebietansprüche – und erhält dafür Helgoland.

1895 Der Kaiser-Wilhelm-Kanal, der heutige Nord-Ostsee-Kanal, wird eingeweiht.

1913 Willy Brandt, der spätere Friedensnobelpreisträger und Bundeskanzler, wird in Lübeck geboren.

1918/19 Zu Ende des Ersten Weltkrieges weigern sich Matrosen der Kriegsmarine in Kiel, zur Feindfahrt auszulaufen. Die Meuterei und der daraus resultierende Soldaten- und Arbeiteraufstand lösen Unruhen im ganzen Deutschen Reich aus, die zur Abdankung des Kaisers und zur Gründung der Weimarer Republik führen.

1920 In Volksabstimmungen votieren die Bewohner Nordschleswigs für den Anschluss an Dänemark, die Mittelschleswiger entscheiden sich für Deutschland.

1936 Kiel richtet die Segelwettbewerbe der Olympischen Spiele von Berlin aus.

1942–45 Im Zweiten Weltkrieg zerstören Luftangriffe der Alliierten weite Teile der Kieler Innenstadt.

1945 Nach der Selbsttötung Adolf Hitlers flieht die letzte NS-Regierung unter Großadmiral Karl Dönitz nach Flensburg, wo sie wenig später kapituliert und gefangengenommen wird. Die Region kommt unter britische Militärverwaltung.

1949 Schleswig-Holstein wird eigenständiges Land

Die ›Buddenbrooks‹ machten Lübeck weltberühmt: Thomas Mann – hier mit Gattin Katia. ▷

der neu gegründeten Bundesrepublik Deutschland.

1953 Die ›Holland-Sturmflut‹ zerstört viele Deiche – auch an Schleswig-Holsteins Nordseeküste – und fordert zahlreiche Todesopfer.

1962 Auch die ›Hamburg-Sturmflut‹ kostet viele Menschen in der Küstenregion das Leben.

1972 Die Kieler Bucht ist Schauplatz der Segelwettbewerbe der Olympischen Spiele von München.

1976 Begleitet von Protesten geht das Kernkraftwerk Brunsbüttel ans Netz, später entstehen die AKW Krümmel und Brokdorf.

1982 Uwe Barschel (CDU) wird Ministerpräsident.

1985 Gründung des Nationalparks Schleswig Holsteinisches Wattenmeer.

1987 ›Barschel-Affäre‹: Im Zusammenhang mit unlauteren Praktiken im Landtagswahlkampf gegen Björn Engholm (SPD) begeht Uwe Barschel In Genf Selbstmord. Die SPD übernimmt Regierungsverantwortung in Kiel, Ministerpräsident wird Barschel-Rivale Engholm.

1993 Björn Engholm tritt zurück, nachdem bekannt wurde, dass er den Bespitzelungsversuch Uwe Barschels aus machtpolitischen Gründen zugelassen hatte. Seine Nachfolge tritt Heide Simonis (SPD) an.

2002 In Lübeck wird das Günter Grass-Haus eröffnet, ein dem großen Erzähler gewidmetes Museum, zugleich ein Forum für Literatur und bildende Kunst.

2005 Als ihre Koalition aus SPD und Grünen bei der Landtagswahl die Mehrheit verliert, strebt Ministerpräsidentin Simonis ihre Wiederwahl als Chefin einer vom Südschleswigschen Wählerverband tolerierten Minderheitsregierung an. Als ihr ein anonym bleibender Abgeordneter des eigenen Lagers auch im vierten Wahlgang die Stimme verweigert, gibt sie auf. Peter Harry Carstensen (CDU) bildet daraufhin eine Große Koalition mit der SPD.

2007 In Lübeck, Geburtsstadt des einstigen Kanzlers und SPD-Chefs, wird das Willy-Brandt-Haus eröffnet.

2008 Vereinbarung zwischen Deutschland und Dänemark über den Bau der 19 km langen Fehmarnbelt-Brücke. Ab 2018 soll sie Puttgarden mit dem dänischen Rødby verbinden.

2009 Die UNESCO nimmt das Wattenmeer in die Liste des Weltnaturerbes auf.

2010 Laut Urteil des Landesverfassungsgerichts ist Schleswig-Holsteins Wahlgesetz ungültig: Bis Oktober 2012 sei, so die Richter, der Landtag neu zu wählen. – Die litauische Fähre ›Lisco Gloria‹ havariert nach einem Bordfeuer vor Fehmarn.

◁ *Novemberrevolution 1918 – die Meuterei Kieler Matrosen gab den Anstoß zu Aufständen in ganz Deutschland*

*Die perfekte Kulisse für eine Wattwanderung bietet der rot-weiße Leuchtturm von Westerhever auf **der** Halbinsel Eiderstedt*

Unterwegs

Der Südwesten – blühende Städte und fruchtbare Marschen

Ein Reigen von Trabantenstädten umgibt Hamburg nördlich und südlich der Elbe. Zu diesem ›Speckgürtel‹ der Hansestadt zählt man wohlhabende Gemeinden wie **Wedel**, **Pinneberg**, **Norderstedt** oder **Ahrensburg**. Im Südosten Schleswig-Holsteins gehören Reinbek, Glinde und Geesthacht dazu. Diese Städte mit ihrer meist Jahrhunderte zurückreichenden Geschichte beziehen ihre Identität nicht allein aus der Nähe zur Millionenmetropole, in die viele ihrer Bürger morgens zur Arbeit fahren. Deutsche, aber auch dänische Geschichte begegnet dem Reisenden, der die Region von Wedel stromabwärts durch die ufernahen Elbmarschen und bis **Glückstadt** erkundet. Am Rande der **Haseldorfer**, der **Kremper** und der **Wilster Marsch**, im Schwemmland des Urstromtales, durch das die Wassermassen der abschmelzenden Eiszeitgletscher einst der Nordsee zustrebten, wollten die Dänenkönige des 16. und 17. Jh. mit Stadt- und Hafengründungen dem reichen Hamburg Konkurrenz machen.

1 Ahrensburg

Ein wahrhaftiges Märchenschloss am Hamburger Stadtrand.

Ahrensburg, heute eine moderne Stadt im Grünen, ging aus dem Gutsdorf *Woldenhorn* hervor. Die Namensgeberin ist eine ältere Burganlage, die *Arx Arnsburga* von 1306, deren Überreste heute südlich von Ahrensburg, unweit der *Hagener Allee*, auszumachen sind. Das 1585 erbaute, elegante **Schloss Ahrensburg** (Tel. 04102/42510, www.schloss-

TOP TIPP

ahrensburg.de, März–Okt. Di–Do, Sa/So 11–17, Nov.–Febr. Mi, Sa/So 11–17 Uhr) liegt inmitten eines schön gestalteten Parks und ist teilweise vom aufgestauten Wasser der *Hunnau* umgeben. Der weiße Renaissancebau zählt zu den imposantesten Herrenhäusern Schleswig-Holsteins. 1567 erwarb der dänische Feldherr *Daniel Rantzau* das Terrain, fiel jedoch bald darauf im Krieg gegen Schweden. Der Besitz ging an seinen Bruder Peter über, der den Auftrag zum Bau des quadratischen, von vier schlanken achteckigen Türmen gerahmten Schlosses mit seinen drei anmutigen Giebeln erteilte. Im Jahre 1759 erwarb der Kaufmann *Heinrich Carl Schimmelmann* das Anwesen von dem verschuldeten Eigentümer. Schimmelmann verdiente am Preußisch-Sächsischen Krieg ein Vermögen und wusste dieses als dänischer Schatzkanzler mit Sklavenhandel, karibischer Plantagenwirtschaft sowie Waffenfabrikation weiter zu vergrößern. Im *Inneren* des Schlosses zeigt heute das *Museum schleswig-holsteinischer Herrenhauskultur* kostbare Möbel und Gemälde, die die Schlossherren bis ins 20. Jh. hinein gesammelt hatten.

Die 1596 errichtete spätgotische **Schlosskirche** wurde 1713 von schwedischen Truppen teilweise zerstört und später im Stil des Barock neu ausgestattet. Dem Gotteshaus schließen sich zwei Reihenhauszeilen mit Kleinwohnungen an, die sog. *Gottesbuden*, die bedürftigen älteren Gemeindemitgliedern als Bleibe dienten.

Praktische Hinweise

Information

Stadtverwaltung, Manfred-Samusch-Str. 5, Ahrensburg, Tel. 041 02/770, www.ahrensburg.de

Hotels

******Parkhotel**, Lübecker Str. 10 a, Ahrensburg, Tel. 041 02/23 00, www.parkhotel-ahrensburg.de. Wellnesshotel mit mediterranem Restaurant Le Marron und Blick auf das Wasserschloss.

*****Forsthaus Seebergen**, Seebergen 9–15, Lütjensee, Tel. 041 54/792 90, www.forsthaus-seebergen.de. Gemütliches Landhotel mit Restaurant direkt am See.

Restaurants

Seehof, Seeredder 19–25, Lütjensee, Tel. 041 54/700 70, www.seehof-luetjensee.de. Delikate Fisch- und Wildgerichte erwarten den Gast (Mo geschl.).

Zum Fasanenhof, Allee 18, Jersbeck, Tel. 045 32/18 49, www.zum-fasanenhof.de. Das Restaurant nahe Gut Jersbek (17. Jh.) bietet Deftiges sowie feine Wildgerichte (Mo, Di geschl.).

2 Norderstedt, Pinneberg und Uetersen

Moderne Städte und ausgedehnte Baumschulen nördlich von Hamburg.

Aus schleswig-holsteinischer Sicht müsste **Norderstedt** eigentlich Süderstedt heißen. Doch von Hamburg aus gesehen, an dessen nördlicher Landesgrenze die Stadt 1970 aus den Gemeinden Garstedt, Friedrichsgabe, Harksheide und Glashütte gegründet wurde, ergibt ihr Name einen Sinn. Auf der *Harksheide* wurde einst, wie noch heute im westlich von Quickborn gelegenen *Himmelsmoor*, Torf gestochen. Das moderne Norderstedt ist eng mit Hamburg verbunden, durch den Anschluss an das Nahverkehrssystem sowie als Tagungs- und Übernachtungsort nicht weit vom Flughafen.

◁ *Als Renaissance-Kleinod in prachtvoller Naturkulisse präsentiert sich Schloss Ahrensburg*

Vom prächtigen Pinneberger Schloss an der *Pinnau* ist leider nichts übrig geblieben: Es wurde während des Dreißigjährigen Krieges schwer beschädigt und 1720 endgültig abgerissen. Im Zentrum von **Pinneberg** steht das Rathaus für den nüchternen Baustil der 1960er-Jahre. In der 200 Jahre zuvor unweit davon errichteten *Drostei* (Dingstätte 23, Tel. 04101/21030, www.landdrostei.de), einem stattlichen Herrenhaus, residierten einst die Vertreter des dänischen Königs, die Landdroste der Herrschaft Pinneberg. Heute fungiert der restaurierte Backsteinbau als *Kreiskulturzentrum* für Ausstellungen, Lesungen und Konzerte.

Nördlich von Pinneberg beginnt ein vor mehr als 100 Jahren angelegtes, über 4000 ha großes **Baumschulrevier**. Auf den humusreichen Geestböden züchten 435 Baumschulen Bäume, Büsche sowie Blumen und versenden die Pflanzen in alle Welt. Richtung Westen setzt sich das Pflanzenzuchtgebiet mit Rosenkulturen fort. Die ›Rosenstadt‹ **Uetersen** exportiert jährlich etwa 20 Mio. Blumen. Im *Rosarium* des Ortes betören im Sommer bis zu 30000 Rosen in knapp 1000 Sorten mit Blütenpracht und Dufstoffen die Sinne.

Mit dem Drahtesel ins Mittelalter

Der **Ochsenweg** ist der älteste Fernweg Schleswig-Holsteins. Im Mittelalter zogen Viehtreiber aus dem dänischen Viborg 500 km durch das Binnenland, um ihre Tiere auf dem Markt in Wedel bei Hamburg zu verkaufen. Heute folgt der historischen Route in Schleswig-Holstein ein gut ausgeschilderter, etwa 250 km langer **Radwanderweg**. Nun lassen sich Landschaften, Kulturdenkmäler und Städte entlang des alten Pfades gemütlich mit dem Drahtesel erleben. Teils auf Originaltrassen, meist auf Nebenstraßen fährt man durch Moor- und Heidelandschaft. Eine erste Etappe führt von Flensburg nach Schleswig (55 km), vorbei an dem Wikingerdorf Haithabu. Weiter geht es über den Nord-Ostsee-Kanal nach Rendsburg (43,5 km), wo sich der Radweg in eine westliche und eine östliche Route aufteilt. Letztere schlängelt sich durch malerische Orte wie Nortorf (32,5 km), die Tuchmacherstadt Neumünster und Bad Bramstedt (48 km). Das Ziel, der Marktplatz in Wedel, ist schließlich nach weiteren 67,5 km erreicht. Infos:

Schleswig-Holstein Binnenland Tourismus, Tel. 04124/608328, www.sh-binnenland.de

i Praktische Hinweise

Information

Stadtverwaltung Pinneberg, Bismarckstr. 8, Pinneberg, Tel. 04101/2110, www.pinneberg.de

Stadtverwaltung Norderstedt, Rathausallee 50, Norderstedt, Tel. 040/535950, www.norderstedt.de

Hotels

******Wilhelm Busch**, Segeberger Chaussee 45, Norderstedt, Tel. 040/5299000, www.hotel-wilhelm-busch.com. Modernes Tagungshotel mit beliebtem Sonntags-Brunch.

*****Jagdhaus Waldfrieden**, Kieler Str. (B 4), Quickborn, Tel. 04106/61020, www.waldfrieden.com. Romantisches Parkhotel im Fachwerkstil. Das Restaurant serviert regionale Speisen.

Restaurants

Aal-Kate, Kuhlworth 21, Neuendeich bei Uetersen, Tel. 04122/2264, www.aal-kate.de. Hier gibt es leckere Aal- und andere Fischgerichte in vielerlei Variationen (Mo, Di geschl.).

Heinsens, Hauptstr. 1, Ellerbek, Tel. 04101/37770, www.heinsens.de. Traditionsgasthof von 1900 mit Gourmet-Speisekarte.

Landdrostei, Dingstätte 23, Pinneberg, Tel. 04101/207772, www.zur-landdrostei.de. Lokal im Souterrain der einstigen dänischen Drostei mit regionalen Spezialitäten (Di geschl.).

3 Wedel

Vom historischen Ochsenmarkt zur modernen Kulturstadt.

Seit 800 Jahren strömen Ende April Viehzüchter und Schaulustige zum **Ochsenmarkt** in die am südlichen Ende des historischen Ochsenweges gelegene Stadt. Zu seinen unübertroffenen Glanzzeiten im 17. Jh. wechselten hier bis zu 30000 Rinder den Besitzer, heute sind es noch 100–200 Tiere.

Ein beliebtes Ausflugsziel ist das Schulauer Fährhaus mit seinem Restaurant und Café

Der **Wedeler Roland**, eine 1558 aus Sandstein gehauene Figur mit Rüstung, Schwert und Reichsapfel, symbolisiert das kaiserliche Recht und wacht über den Marktfrieden. Unweit des *Marktes* befindet sich das **Ernst Barlach Museum Wedel** (Mühlenstr. 1, Tel. 041 03/91 82 91, www.ernst-barlach.de, Mo–Fr 11–17 Uhr), in dem Plastiken, Grafiken, Manuskripte und eine Fotoausstellung über Leben und Werk des 1870 in Wedel geborenen Künstlers informieren. Der expressionistische Bildhauer, Grafiker und Dichter lebte seit 1910 im mecklenburgischen Güstrow. Er wurde von den Nazis verfemt und starb 1938 verbittert in Rostock.

Das kulturelle Angebot ergänzen zwei Theater, mehrere Galerien und das **Stadtmuseum** (Küsterstr. 5, Tel. 041 03/132 02, Do–Sa 14–17, So 11–17 Uhr), das mit Grabungsfunden von der Hatzburg die Stadtgeschichte dokumentiert.

Das Erlebnisbad **Badebucht** (Am Freibad 1, Tel. 041 03/914 70, www.badebucht.de, Mo 14–20, Di–Fr 6.30–20, Sa/So 10–20 Uhr) garantiert mit Schwimm- und Attraktionsbecken ganzjährigen Badespaß für Groß und Klein. Das Sommerbad lockt mit einem Außenbecken auf einer 12 500 m² großen Wiese.

Bereits seit 1909 ist das östlich der Wedeler Au liegende **Schulau** eingemeindet. Sein Fährhaus mit Schiffsbegrüßungsanlage, dem **Willkomm Höft** (Parnaßstraße 29, Tel. 041 03/920 00, www.schulauer-faehrhaus.de) ist vielen Seeleuten wohlbekannt. Jedes tagsüber passierende Schiff über 500 BRT wird über Lautsprecher in der Landessprache und mit der Nationalhymne sowie dem ›Dippen‹ der Hamburger Landesflagge begrüßt. Im Souterrain des Fährhauses zeigt das *Buddelschiff- und Muschelmuseum* (März–Okt. tgl. 10–18.30, Nov.–Febr. Sa/So 10–18 Uhr) 200 absolut detailgetreu konstruierte Schiffsmodelle in Flaschen. Darüber hinaus sind Galionsfiguren, Steuerräder und Kompasse sowie rund 1000 Muscheln und Schneckengehäuse in allen Formvariationen zu sehen. Im modernen **Hamburger Jachthafen** (www.hamburger-yachthafen.de) liegen über 2000 Freizeitboote – in Originalgröße.

Inmitten der flussabwärts gelegenen *Haseldorfer Marsch*, die mit ihren gewundenen Deichen zu Wanderungen oder Fahrradtouren einlädt, überrascht bei **Haseldorf** der Anblick eines klassizistischen *Herrenhauses* aus dem Jahre 1804, in dem einst die Dichter Rainer Maria Rilke und Friedrich Gottlieb Klopstock zu Gast waren. Öffentlich zugänglich sind jedoch nur der dazugehörige Park und die kleine spätromanische Backsteinkirche *St. Gabriel* (Mai–Sept. So 14–17 Uhr) aus dem 13. Jh.

Praktische Hinweise

Information

Stadtverwaltung, Rathausplatz 3–5, Wedel, Tel. 041 03/70 70, www.wedel.de

Schiff

Fähre Lühe–Schulau, Tel. 041 41/78 86 67, www.luehe-schulau-faehre.de. Fährdienst zum niedersächsischen Lühe.

Hotel

*****Diamant**, Schulstraße 2–4, Wedel, Tel. 0 41 03/70 26 00, www.hoteldiamant.de. Komfortabel eingerichtetes Haus mit üppigem Frühstücksbuffet.

Restaurant

Schulauer Fährhaus, Willkomm Höft, Parnaßstraße 29, Wedel, Tel. 041 03/920 00, www.schulauer-faehrhaus.de. Beim Anblick der Schiffe kann man Fischgerichte, aber auch Kaffee und Kuchen genießen.

4 Glückstadt

TOP TIPP *Eine Renaissancestadt feiert ihr feines Matjesfilet – und noch viel mehr.*

»Dat schall glücken und dat mutt glücken, und dann schall se ok Glückstadt heten«, soll *Christian IV.*, König von Dänemark und Herzog von Schleswig und Holstein, beschwörend ausgerufen haben, als er 1615 den Beschluss bekannt gab, an der Mündung der **Rhin** in die Elbe unterhalb von Hamburg und in Konkurrenz zur ungeliebten Hansestadt einen Hafen mit befestigter Siedlung zu errichten. Trotz des mit Nachdruck betriebenen Ausbaus der Stadt – hier ließen sich holländische Glaubensflüchtlinge sowie Juden nieder, die über gute Handelskontakte verfügten – konnte sie Hamburg den Rang nicht ablaufen.

Der *Bauplan* von Glückstadt folgte dem Vorbild italienischer *Renaissancestädte*. Die Straßen streben sternförmig vom zentralen Marktplatz zu den ehem. Wallanlagen und zum Hafen. Ein breiter Kanal, das **Marktfleth**, führt mitten durch die Stadt. Nach aufwendiger Restaurierung steht das historische Zentrum heute unter Denkmalschutz. Am **Binnenhafen** entlang reihen sich z. T. prächtig gestaltete Bürgerhäuser und präsentieren eine abwechslungsreiche Giebelfront. Ein wahres Schmuckstück der Spätrenaissance mit großartigem Sandsteinportal ist das im 17. Jh. errichtete *Palais Quasi Non Possidentes* (›Als wenn wir nicht die Besitzenden wären‹). Es präsentiert als **Palais für aktuelle Kunst** (Am Hafen 46, Tel. 041 24/60 47 76, www.pak-glueckstadt.de, Do–So 13–17 Uhr, Jan. geschl.) auf zwei Etagen spannende Wechselausstellungen mit internationaler Fotografie, Malerei und Bildhauerei. Im **Königshof** (Am Hafen 40) wohnte Christian IV., bis sein (nicht erhaltenes) Schloss fertiggestellt war. Das Wohnhaus mit dem achteckigem Treppenturm, als *Wiebke-Kruse-Turm* bekannt, schenkte der dänische König 1638 seiner Mätresse, die aus dem Dorf Förden-Barl bei Bad Bramstedt stammte.

Das 1872 rekonstruierte **Rathaus** am Markt, ein roter, ursprünglich 1642 im Stil niederländischer Renaissance vollendeter Backsteinbau, ist streng symmetrisch gestaltet. An der Ostseite des Marktes erhebt sich die barocke, prächtig ausgeschmückte **Stadtkirche** (17. Jh.), deren schlanke, hohe Turmhaube von der Glücksgöttin Fortuna bekrönt wird.

Das *Brockdorff-Palais*, benannt nach den letzten adligen Besitzern, wurde 1631 für den königlichen Stadtkommandanten *Graf Penz* erbaut. Heute ist hier das **Detlefsen-Museum** (Am Fleth 43, Tel. 041 24/93 76 30, www.detlefsen-museum.de, Juni–Aug. Mi–Sa 14–18, So 14–17, Sept.–Mai Do–Sa 14–18, So, Mi 14–17 Uhr) mit einer Sammlung zur Stadtgeschichte untergebracht. Ausstellungsbereiche zur Wohnkultur und Landwirtschaft, zum Handel und Handwerk geleiten den Besucher durch die Lebenswelten im Gebiet der holsteinischen Elbmarschen. Die lange *Königstraße* führt vom Markt zum **Wasmer-Palais** aus dem 17. Jh., das später in barockem Stil überbaut wurde. Nachdem Kopenhagen zu napoleonischer Zeit von der englischen Flotte angegriffen worden war, diente es kurzzeitig als dänischer Regierungssitz. Heute befindet sich hier die Volkshochschule.

Mitte Juni regiert in Glückstadt der Hering. Während der **Matjeswochen** (www.matjes-wochen.de) kommt das gesalzen eingelegte, zarte Filet des jungen, im Mai und Juni gefangenen Herings in vielen Variationen auf den Tisch.

Ausflug

Ende Juni, am Montag nach Johanni, geht es im 3 km nordöstlich von Glückstadt gelegenen **Krempe** hoch her. Fahnenschwenker und Trommler beherrschen

Akzent in Rot: Unter den hellen Fassaden an Glückstadts Markt sticht das Rathaus hervor

den Marktplatz beim *Kremper Gildefest,* das 1541 zum ersten Mal begangen wurde. Der schon im 13. Jh. gegründete Ort an der ehemals schiffbaren Kremper Au erlebte im späten 16. Jh. seine Blütezeit mit einer eigenen Walfangflotte und weit gespannten Handelbeziehungen. Aus dieser Epoche stammen das stattliche, im Stil der Renaissance aus Backstein erbaute **Rathaus** am Markt sowie das **Nye Huß** (Rathausstr. 18) von 1543, das nach dem Kauf durch den dänischen Landesherren 1588 Königshof genannt wurde.

i Praktische Hinweise

Information

Touristinfo, Große Nübelstr. 31, Glückstadt, Tel. 04124/9375 85, www.glueckstadt-tourist-info.de

Schiff

Elbfähre Glückstadt–Wischhafen, Tel. 04124/2430, www.elbfaehre.de. Eine halbstündige Fahrt mit der Autofähre über die Elbe nach Niedersachsen.

Hotel

*****Raumann**, Am Markt 5–6, Glückstadt, Tel. 04124/916 90, www.hotel-raumann.de. Hotel mit Restaurant in einem 300 Jahre alten Gebäude.

Restaurants

Kandelaber, Am Markt 14, Glückstadt, Tel. 04124/93 2777, www.restaurant-kandelaber.de. Traditionsrestaurant mit Matjesvariationen aus eigener Herstellung.

Op de Deel, Am Neuendeich 127, Blomesche Wildnis, Tel. 04124/8700, www.opdedeel.de. Matjes- und Schnitzelgerichte in einer reetgedeckten Bauernkate von 1760 (Mo/Di geschl.).

Ratskeller zu Krempe, Am Markt 1, Krempe, Tel. 04824/38154, www.ratskeller-krempe.de. Regionale Leckerbissen im Alten Rathaus. Spezialität sind Saure Rippchen (Mo geschl.).

5 Bad Bramstedt

Gesundbrunnen im Schutze eines zurückdatierten römischen Rolands.

Als Wahrzeichen des heutigen Kurorts wacht die Statue eines römisch gewandeten *Rolands* mit erhobenem Schwert und traurigem Blick seit 1693 über den Handel am *Bleek*, dem langen Marktplatz der Stadt. Hier kreuzte sich einst der Ochsenweg von Nord nach Süd mit der Lübschen Trade, die Dithmarschen mit Lübeck verband. Vom **Herrenhaus**, das der

Dänenkönig Christian IV. 1635 seiner im Nachbardorf geborenen Geliebten, der Bauerntochter Wiebke Kruse, schenkte, ist allein das imposante *Torhaus* erhalten. Heute ist Bad Bramstedt vor allem für die Behandlung von Rheuma und Gelenkerkrankungen bekannt.

Ausflug

Im **Wildpark Eekholt** (Tel. 04327/99230, www.wildpark-eekholt.de, tgl. 9–18 Uhr bzw. bis zur Dämmerung) in Großenaspe, einer 67 ha großen Wald-, Moor und Auenlandschaft 12 km nordöstlich von Bad Bramstedt, sind 100 Tierarten zu Hause, u. a. Hirsche, Wölfe, Fischotter, Störche und Greifvögel.

i Praktische Hinweise

Information

Tourismusbüro im Rathaus, Bleek 17–19, Bad Bramstedt, Tel. 04192/50627, www.bad-bramstedt.de

Hotels

******Gutsmann**, Birkenweg 14, Bad Bramstedt, Tel. 04192/5080, www.gutsmann.de. Gepflegtes Haus mit Restaurant in schöner Lage am Waldrand.

*****Landhotel Seelust**, Seelust 6, Hennstedt, Tel. 04877/677, www.seelust.de. Geschmackvoll eingerichtetes Haus im Fachwerkstil, direkt am See. Restaurant mit regionaler Küche.

6 Itzehoe und Wilstermarsch

Historische Marschhäfen und Deutschlands tiefster Punkt.

Im Dreißigjährigen Krieg hatte die Stadt am Rande des Geestrückens noch Glück gehabt, da sie sich 1627 Wallensteins Heer ergab, doch während kriegerischer Auseinandersetzungen zwischen Schweden und Dänemark 30 Jahre später brannten die Schweden Itzehoe nieder. Viele der anschließend wieder aufgebauten Fachwerkhäuser wurden inzwischen abgerissen, und selbst die malerische Schleife der Stör um die alte **Neustadt** musste 1975 einer Umgehungsstraße weichen. Am *Markt* blieb jedoch das 1695 errichtete, barocke **Historische Rathaus** erhalten, das 1893 aufgestockt wurde. Rechts davon schließt der spätklassizistische *Ständesaal* aus dem Jahr 1835 an, wo sich bis 1863 die Ständevertreter Schleswig-Holsteins trafen. Diese Versammlung war eine Vorform des Parlaments. Im Parterre des **Wenzel-Hablik-Museums** (Reichenstr. 21, Tel. 04821/8886020, www.wenzelhablik.de, Di–Fr 14–17, Sa 14–18, So 11–18 Uhr) werden Wechselausstellungen gezeigt, das Obergeschoss ist mit über 200 Exponaten dem Leben und Werk des expressionistischen Malers und Kunsthandwerkers Wenzel Hablik gewidmet, der bis zu seinem Tod 1934 in Itzehoe ansässig war. Das **Theater Itzehoe** (Theaterplatz, Ticket-Tel. 04821/670931, www.theater-itzehoe.de), ein verspielter, wie ein Zirkuszelt konstruierter Glasbau, präsentiert ein vielfältiges Programm mit Schauspiel, Kleinkunst und Konzerten.

In der teilweise modernisierten **Altstadt** mit dem *Holstein-Center*, einem mächtigen Wohn-, Büro- und Einkaufskomplex, findet man auch die ältesten Gebäude von Itzehoe. Der bereits 1256 gegründete **Klosterhof** (Klosterhof 7) mit Überresten eines gotischen Kreuzganges wurde nach der Reformation in ein Damenstift umgewandelt. Lediglich die Außenanlage kann besichtigt werden. Im *Prinzeßhof*, nicht weit entfernt, lebte im 19. Jh. *Prinzessin Juliane von Hessen* als Äbtissin des Stiftes. Hier ist das **Kreismuseum** (Kirchenstr. 20, Tel. 04821/64068, www.kreismuseum-prinzesshof.de, Di–So 10–12 und 15–17.30 Uhr) untergebracht, dessen Daueraustellung die Kultur und Geschichte der Region dokumentiert . Besonders sehenswert sind u. a. ein Biedermeierzimmer und ein Tabakladen.

Die weithin sichtbare Kirche **St. Laurentii**, die 1657 völlig ausbrannte, wurde 1716 wieder aufgebaut – diesmal im Stil des Barock. Sie birgt einen kunstvoll geschnitzten Altar und eine prächtige Kanzel. In der Krypta zeugen die aufwendig dekorierten Messingsärge vom Wohlstand der Adelsfamilie Rantzau. Der *Backsteinturm* aus dem Jahre 1894 gilt als Wahrzeichen der Stadt.

Wenige Kilometer östlich von Itzehoe liegt **Schloss Breitenburg** (Gutsverwaltung, Tel. 04828/293), seit 1526 Familiensitz der Rantzau, auf einer Geestinsel in der Störniederung. In der zweiten Hälfte des 16. Jh. entwickelte sich das Schloss unter *Heinrich Rantzau* zu einem Zentrum humanistischer Ideen. Im Dreißigjährigen Krieg durch die Truppen Wallensteins gebrandschatzt, wurde es im Stil der Renaissance neu errichtet. Die prächtigen

Altstadtidyll in Itzehoe – der Klosterhof sonnt sich im Schatten des Turms von St. Laurentius

Repräsentationsräume des nach wie vor im Privatbesitz befindlichen Gebäudes können nur nach Voranmeldung besichtigt werden.

Die Kirche *St. Marien* (Tel. 048 21/751 20, www.kirche-heiligenstedten.de, Kirchenschlüssel nach telefonischer Absprache beim Pfarramt) in **Heiligenstedten**, wenige Autominuten westlich Itzehoes, liegt bereits in der *Marsch*. Sie geht auf eine im Jahre 810 errichtete Taufkirche zurück. Damals verlief hier die durch Burgen gesicherte Nordgrenze des Karolingerreichs. Der sehenswerte geschnitzte *Flügelaltar* im Inneren stammt von 1580.

Von der kurvigen Uferstraße entlang der Stör weist die **Honigflether Schöpfmühle**, die früher das Land entwässerte, den Weg nach **Wilster** inmitten der flachen, von Wassergräben durchzogenen **Wilstermarsch**. Die Wilsterau ist längst versandet, doch bis zum 17. Jh. fuhren von hier Handelsschiffe über Stör und Elbe zum Meer, zu fernen Zielen. Fachwerkhäuser zeugen vom Wohlstand früherer Zeiten. Markant sind das *Alte Rathaus* von 1585, ein leuchtend roter Renaissancebau mit prachtvollem Gerichts- und Gildezimmer, die *Schwan-Apotheke* (1610), das *Hudemannsche Haus* (1596) und das spätbarocke *Neue Rathaus* von 1785.

In der Gemeinde **Neuendorf** nördlich von Wilster kann man den *tiefsten Punkt Deutschlands* besuchen. Aus einem Brunnen sprudelt frisches Wasser, ein handgeschnitztes Schild auf einem Eichenpfahl gibt Auskunft: Man befindet sich hier 3,54 m unter Normalnull.

i Praktische Hinweise

Information

Stadtmanagement Itzehoe, Kirchenstr. 2, Itzehoe, Tel. 048 21/58 00, www.wirfueritzehoe.de

Hotels

******Mercure Klosterforst**, Hanseatenplatz 2, Itzehoe, Tel. 048 21/152 00, www.mercure.com. Gepflegtes Hotel mit Restaurant Vis-à-vis.

****Gut Kleve**, Hauptstr. 34, Kleve, Tel. 048 23/86 85, www.gut-kleve.de. Gemütliche Zimmer im Backsteinguthaus, knapp 10 km westlich von Itzehoe. Schmackhafte traditionelle Küche im Restaurant.

Restaurant

Zur Post, Hauptstr. 25, Wacken, Tel. 048 27/22 83, www.landgasthof-wacken.de. Hier genießt man herzhafte Klassiker wie Grünkohl, Matjes und Büsumer Krabben.

Dithmarschen und Eiderstedt – Küsten, Köge und Kohlköpfe

Nördlich der Elbmündung haben die Fluten der Nordsee über Jahrtausende fruchtbaren Boden angeschwemmt und damit die charakteristische Landschaft **Dithmarschens** und der **Halbinsel Eiderstedt** geschaffen. Die **Köge** – weite, grüne Marschen zwischen Watt und Geest – sind durch hohe Deiche geschützt. Zahlreiche **Windkraftwerke** überragen riesige Äcker, auf denen im Herbst 80 Mio. **Kohlköpfe** geerntet werden. Die flache Landschaft lädt zu ausgedehnten Fahrradtouren und Spaziergängen auf den langen Deichen ein. Beliebt sind die Küstenorte **Büsum** und **St. Peter-Ording**, wo Strandsegler die frische Brise von der Nordsee nutzen und bei Ebbe geführte Wanderungen ins **Watt** angeboten werden. Von der stolzen Geschichte Dithmarschens zeugen Städte wie **Marne**, **Meldorf** und **Heide**, die einstige Hauptstadt der bis ins 16. Jh. von Fürsten und Königen unabhängigen Region mit ihren gut erhaltenen Baudenkmälern. In **Friedrichstadt** erinnern Grachten und Kirchen verschiedener Konfessionen an die holländischen Glaubensflüchtlinge, die im 17. Jh. hier eine neue Heimat fanden. Aus neuerer Zeit stammt der **Nord-Ostsee-Kanal**, der von **Brunsbüttel** nach Kiel führt.

7 Brunsbüttel

Hafen- und Schleusenstadt am Nord-Ostsee-Kanal.

Brunsbüttel an der Elbe ist eine eher junge Stadt. Die ursprüngliche, im Mittelalter entstandene Siedlung am Nordufer der Flussmündung gab man 1677 auf. Allerlei Deichbrüche und Überschwemmungen machten es notwendig, Brunsbüttel weiter landeinwärts neu zu bauen. Aus dieser Zeit stammt der alte Stadtkern, der noch die barocke Anlage mit ihrem weiten, rechteckigen Marktplatz erkennen lässt. Die Kirche **St. Jakobus**, ein Backsteinsaalbau von 1678, wurde nach einem Brand 1724 erneuert. Ihren Barockaltar aus dem 17. Jh. schmücken fein geschnitzte Reliefmedaillons. Das **Heimatmuseum** (Markt 4, Tel. 048 52/72 12, www.museum-brunsbuettel.de, März–Okt. Di, Do, Sa/So 14.30–17.30, Mi 10–12 Uhr, Nov.–Febr. für Gruppen, nach Voranmeldung) zeigt Historisches aus dem 18. und 19. Jh. – wie ein original eingerichtetes Klassenzimmer,

Weite Marschflächen, Windräder, vereinzelte Höfe: Dithmarschens Landschaft eben ▷

vieler- und verschiedenerlei alten Hausrat oder auch eine Böttcherei.

Heute ist Brunsbüttel vor allem Industriestandort, Seeleute kennen es als Schleusenstadt an der Mündung des **Nord-Ostsee-Kanals** in die Elbe. Der neuere Teil des Ortes entstand gleichzeitig mit dem Bau der Wasserstraße 1886–95. Die riesigen Schleusenkammern wurden 1907–14 erneuert, um noch größeren Schiffen Durchfahrt zu gewähren. Sie gleichen den Höhenunterschied zwischen Kanal und Elbe bzw. die unterschiedlichen Pegelstände bei Ebbe und Flut aus und sind 330 m lang, 45 m breit und 11 m tief. Das **Atrium-Museum an der Schleuse** (Gustav-Meyer-Platz, Tel. 048 52/88 50, www.wsa-brunsbuettel.de, Mitte März–Mitte Nov. tgl. 10.30–17 Uhr) informiert anhand von zahlreichen Schiffs- und Landschaftsmodellen, technischen Geräts und Videofilmen sehr anschaulich über die Geschichte des Kanals mit all seinen Schleusen, den Häfen, Brücken und Fähren.

Bei *Burg*, nördlich von Brunsbüttel und kurz vor der markanten *Hochdonnbrücke*, die über den Kanal führt, lässt sich der dicht bewachsene Ringwall der sächsischen **Bökelnburg** aus dem 9. Jh. ausmachen. Im Jahr 1144 erschlugen hier 1144 freiheitsliebende Bauern den verhassten Grafen Rudolf von Stade und seine Frau.

Praktische Hinweise

Information

Touristinfo, Gustav-Meyer-Platz 2, Brunsbüttel, Tel. 048 52/83 66 24, www.brunsbuettel.de

Unterkunft

***Heuherberge**, Wetterndorf 9, St. Margarethen (ca. 6 km Richtung Glückstadt an der Elbe), Tel. 048 58/481, www.heuherbergen.de/roesch. Zünftig mit dem Schlafsack im Heu übernachten.

Zur Traube, Markt 9, Brunsbüttel, Tel. 048 52/546 10, www.zur-traube-brunsbuettel.de. Helle und freundliche Zimmer; Restaurant und Bierstube.

Restaurant

Strandhalle, Deichst. 75, Brunsbüttel, Tel. 048 52/66 00. Beliebtes Ausflugslokal hinter dem Deich mit hervorragender Seezunge (Okt.–März Mo geschl.).

8 Friedrichskoog, Marne und Meldorf

Watt, Marschen – und mittendrin die Karnevalshochburg des Nordens.

Nordwestlich von Brunsbüttel breitet sich weites, flaches Marschland aus, das erst im 18. Jh. eingedeicht wurde. Früher nagten bei Flut die Nordseewellen an den **Wurten** – von Fischer und Bauern künstlich aufgeschütteten Wohnhügeln, die sich aus dem tief liegenden Land erhoben. Heute schützen mächtige Deiche, begrast von Hunderten Schafen, die satten Weiden um Friedrichskoog, Dieksanderkoog und Kronprinzenkoog. Durch das größte zusammenhängende **Kohlanbaugebiet** Europas führt die Strecke. Ende September wird hier die ertragreiche Ernte genossen. Die Restaurants bieten dann dieses gesunde Gemüse in vielerlei köstlichen Variationen an.

Nicht weniger typisch für Dithmarschen sind seine *Windmühlen*, die heute keine Schöpfräder mehr antreiben, sondern der Erzeugung von Elektrizität dienen. Im **Windenergiepark Westküste** (Sommerdeich 14 a, Tel. 048 56/519, www.wind-energie.de, April–Sept. tgl. 10–17 Uhr) im Kaiser-Wilhelm-Koog unweit Marne drehen sich drei Dutzend unterschiedliche Windanlagen um die Wette. Multimedia-Präsentationen, Schautafeln und ein Modell der ›Growian‹ (Große Windkraftanlage) stellen die Vorteile dieser umweltfreundlichen Art der Energiegewinnung heraus.

Rutschpartie am Beckenrand – gesehen in der Seehundstation nahe Friedrichskoog

Friedrichskoog ist mit 2500 Einwohnern die größte Siedlung in den Kögen und wurde nach König Friedrich VII. von Dänemark benannt. Ursprünglich nur ein kleiner Fischerort, ist es heute ein beliebtes *Nordseebad*. Die Hauptattraktion: der hübsche kleine **Hafen**. Hier verkaufen Fischer fangfrische Krabben direkt vom Kutter. Nicht weit entfernt liegt die **Seehundstation** (An der Seeschleuse 4, Tel. 048 54/13 72, www.seehundstation-friedrichskoog.de, März–Okt. tgl. 9–18, Nov.–Febr. tgl. 10–16 Uhr, Fütterungen März–Okt. tgl. 10.30, 14 und 17.30, Nov.–Febr. tgl. 10.30 und 14 Uhr), in der kranke oder von der Mutter verlassene Robbenbabys für ein Leben in Freiheit wieder aufgepäppelt werden. Deutschlandweit einmalig ist die gemischte Haltung von Kegelrobben und Seehunden in einem Becken. Besucher können bei den *Fütterungen* zusehen und im Informationszentrum allerlei Wissenswertes über Seehunde und ihren Lebensraum in der Nordsee und dem Wattenmeer erfahren. Im *Zentrum* von Friedrichskoog erhebt sich die Holländerwindmühle **Vergissmeinnicht**. Sie bildet den Rahmen für romantische Hochzeiten, denn in ihrem Inneren ist das Standesamt untergebracht.

Die bunte Kutterflotte von Friedrichskoog ist für den nächsten großen Fang gerüstet

Südöstlich und weiter landeinwärts liegt **Marne**, das 1140 als kleiner Fischereihafen namens *Myrne* erstmals urkundlich erwähnt wurde. Daran ist zu ermessen, wieviel Marschland seither dem Meer abgerungen wurde. Im Zentrum musste der im 11. Jh. errichtete Vorgängerbau der Kirche **St. Maria Magdalena** 1906 dem heutigen Erscheinungsbild im neoromanischen Stil weichen. Nur das Bronzetaufbecken von 1325 und die prächtig geschnitzte Renaissancekanzel aus dem Jahre 1603 sind erhalten. Im nahe gelegenen **Rathaus**, 1915 aus Backstein im späten Jugendstil erbaut, sind eindrucksvolle Hamburger *Schapps* (geschnitzte Holzschränke) aus dem 18. Jh. und Holztruhen mit schweren Beschlägen aus Dithmarschen zu sehen. Das kleine Marner **Heimatmuseum** (Museumsstr. 2, Tel. 04851/3518, Di–Fr 14.30–17, So 14.30–18 Uhr) wurde 1873 vom Skatklub der Stadt gegründet. Neben originellen Objekten wie einem Kerbholz, in das einst die Vergehen der Bürger eingeschnitzt wurden, dokumentiert es die Wohnkultur wohlhabender Dithmarscher Bauern.

Zur närrischen Zeit zwischen November und Februar verwandelt sich Marne in die Hochburg des norddeutschen **Karnevals**. Der *Rosenmontagszug* mit 30 Festwagen – denen nicht weniger als 30 Fußgruppen folgen – und die Nacht der Feste und Bälle vor Aschermittwoch locken Tausende von auswärtigen Besuchern an.

TOP TIPP

Meldorf ist die älteste Stadt Dithmarschens, im 9. Jh. entstand die erste Kirche. Damals lag hier nicht nur ein Fischereihafen, sondern auch ein *Thingplatz*, ein Versammlungs- und Gerichtsort also. Bis ins 15. Jh. berieten sich hier die Vertreter der unabhängigen Dithmarscher Bauern. Der große Marktplatz mit seiner alles überragenden gotischen Basilika bezeugt die damalige Bedeutung des Ortes. **Meldorfer Dom** nennen die Einheimischen ihre imposante Backsteinkirche aus dem 13. Jh., obgleich sie nie Bischofssitz war. Doch mit ihrer überaus reichen *Innenausstattung* wird sie dem Namen gerecht. Die *Gemäldezyklen* im Gewölbe des Querschiffs stellen biblische Szenen, Heiligenlegenden und das mittelalterliche Leben der Bauern und Ritter dar. Die schlichte Bronzetaufe stammt ebenfalls aus dem 13. Jh., die Chorschranke aus Ebenholz (1603) ist im Stil der niederländischen Renaissance geschnitzt.

Ein *Rundgang* durch die mit Kopfstein gepflasterten Straßen um Dom und Marktplatz führt an liebevoll restaurierten Backsteingebäuden vorbei, die im Vergleich zur Kirche jedoch eher bescheiden anmuten. In den Räumen der früheren Gelehrtenschule zeigt das **Dithmarscher Landesmuseum** (Bütjestr. 2–4, Tel. 048 32/60 00 60, www.landesmuseum-dithmarschen.de, Ostern–Okt. Mo–Fr 10–16.30, Sa/So 11–16, Nov.–Karsamstag Di–Fr 10–16, So 11–16 Uhr) eine reiche Sammlung von Zeugnissen bäuerlicher Alltagskultur, wie etwa den prächtigen *Swinschen Pesel*, eine Bauernstube aus dem 16. Jh. Dazu kommen Informationen und Modelle zum Deichbau sowie Dokumente zur Geschichte der Bauernrepublik Dithmarschen. Das nahe gelegene **Landwirtschaftsmuseum** (Jungfernstieg 4, Tel. 048 32/97 93 90, www.landwirtschafts museum-schleswig-holstein.de, Ostern–Okt. Mo–Fr 9–17, Sa/So 11–17, Nov.–Karsamstag Di–Fr 9–17, So 11–17 Uhr) veranschaulicht anhand von allerlei Gerätschaft wie Pflügen, Mähmaschinen und Traktoren die Technisierung der Landwirtschaft seit Mitte des 19. Jh. Nahebei zeigt das zugehörige *Dithmarscher Bauernhaus* die Lebensbedingungen auf dem Lande vor der Industrialisierung.

i Praktische Hinweise

Information

Tourismus Service, Koogstr. 141, Friedrichskoog, Tel. 048 54/90 49 40, www.friedrichskoog.de

Fremdenverkehrsverein, Nordermarkt 10, Meldorf, Tel. 048 32/978 00, www.meldorf-tourismus.de

Touristik Marne-Marschenland, Deichstr. 2, Marne, Tel. 048 51/ 95 76 86, www.urlaubandernordsee.de

Hotels

****Landhaus Gardels**, Westerstr. 15–19, St. Michaelisdonn (9 km nordwestlich von Marne), Tel. 048 53/80 30, www.land haus-gardels.de. Angenehmes, modernes Haus mit individuell dekorierten Zimmern und Dithmarscher Gaststube.

Friesenhof, Altfelder Weg 16, Friedrichskoog, Tel. 048 54/10 44, www.friesenhof-nordsee.de. Kinderfreundliche Anlage mit 18 Ferienwohnungen.

9 Heide und Büsum

Frische Krabben, grüner Strand und die Hauptstadt einer Bauernrepublik.

1434 wurde der Versammlungs- und Gerichtsort der Dithmarscher Bauern von Meldorf auf einen freien Platz 13 km weiter nördlich verlegt, den heutigen Marktplatz von **Heide**. Um ihn herum entwickelte sich dann die Stadt. Bis zum Fall der Bauernrepublik 1559 kamen auf dem 4,7 ha großen Geviert regelmäßig 12 000 wehrhafte Männer zur Beratung zusammen und die Regenten der 48 Kirchspiele sprachen vor den Versammelten Recht. Nach der Niederlage der Bauern ließ der

Hoch zu Ross – beim Heider Marktfrieden wird mittelalterliches Brauchtum lebendig

Ganz wichtig: Die Nummer merken! Strandkorb-Manhattan an Büsums grünem Ufer

Oberbefehlshaber der dänischen und schleswig-holsteinischen Truppen, Johann Rantzau, die Stadt vollständig niederbrennen.

Ein Volksfestspektakel mit mittelalterlichen Ständen und kostümierten Bauern und Bürgern, der **Heider Marktfrieden** (www.heider-marktfrieden.de), erinnert jedes zweite (gerade) Jahr im Juli an diese Zeit. Höhepunkt der Feiern, die mit Musikveranstaltungen, Handwerkskunst und Ringreiten etc. mehr als 200 000 Besucher anlocken, ist eine stimmungsvoll inszenierte niederdeutsche Bauernhochzeit in traditioneller Dithmarscher Tracht.

Top Tipp

Den größten **Marktplatz** Deutschlands dominiert der lang gestreckte Backsteinbau der Kirche **St. Jürgen** (Mai–Okt. Mo–Fr 11–17, So 10–17 Uhr), die nach einem Brand 1559 wieder aufgebaut und im 17. Jh. erweitert wurde. Ihr prächtiger *Barockaltar* von 1699 stellt Letztes Abendmahl, Kreuzigung und Grablegung dar. Stilistisch im Kontrast dazu stehen die modernen Buntglasfenster aus den 1960er-Jahren. Sie thematisieren die Verkündigung Mariens sowie die Frauen am Grab Christi.

Unweit des Marktplatzes befindet sich die **Museumsinsel Lüttenheit** (Lüttenheid 48, Tel. 04 81/637 42, Di–Do 11.30–17, Fr 11.30–14, Sa 14–17, So 11.30–17 Uhr) mit zwei Sammlungen: Das **Klaus-Groth-Museum** (www.klaus-groth.de) erinnert an den hier geborenen großen Mundartdichter (1819–1899). Neben dem Original-Inventar werden Handschriften aus dem Nachlass Klaus Groths präsentiert. Das **Heider Heimatmuseum** dokumentiert anhand historischer Fotos die Entwicklung der Stadt, außerdem sind alte Handwerksgeräte und Tonwaren ausgestellt.

Nicht weit entfernt steht das **Brahms-Haus** (Lüttenheid 34, Tel. 04 81/631 86, www.brahms-sh.de, April–Okt. Di, Do/Fr 14.30–16.30, Sa 10.30–12.30 Uhr, Juni–Sept. auch Di, Do/Fr 10.30–12.30 Uhr), das sich 1819–87 im Besitz der Familie Brahms befand. Heute wird hier anhand von Dokumenten, zeitgenössischem Mobiliar, Konzerten, Vorträgen und Wechselausstellungen des großen Komponisten Johannes Brahms (1833–97) gedacht;.

Rund um **Albersdorf**, 15 km südöstlich von Heide, findet man Gräber aus der Jungsteinzeit, z. B. den *Brutkamp* mit einem 23 t schweren Deckstein. Prähistorischen Fundstücke aus der Region zeigt das **Museum für Archäologie und Ökologie Dithmarschen** (Bahnhofstr. 29, Tel. 048 35/97 19 74, www.museum-albersdorf.de, Di–Fr 10.30–17, So 11–17 Uhr).

Bei **Hemmingstedt**, 5 km südlich der Kreisstadt, erinnert ein mächtiger Feldstein auf der *Dusenddüwelswarf* (Tausendteufelswarft) an den letzten großen Sieg einer Truppe bewaffneter Bauern im Jahre 1500 über ein 12 000 Mann starkes Heer dänischer und deutscher Adliger und Landsknechte.

Attraktionen ganz anderer Art bietet das fast 20 km westlich von Heide gele-

gene Nordseestädtchen **Büsum**, das sich seit der Gründung des Seebades 1837 zu einem beliebten Ferienort entwickelt hat. Hier locken Strandkörbe und Badefreuden im Meer, Wellness-Angebote im **Vitamaris** (Südstrand 5, Tel. 048 34/90 91 24, www.vitamaris-buesum.de) und Wanderungen den Deich entlang oder, bei Ebbe, auch durchs Watt. Zur Stärkung gibt es Krabben, frisch gefangen und gekocht.

Das **Museum am Meer** (Am Fischereihafen 19, Tel. 048 34/67 34, www.museum-am-meer.de, Di–Fr 11–17, Sa 13–17, So 11–17, an Vollmondabenden 20–22 Uhr) zeigt die Geschichte der Hafenstadt und das Leben der Krabbenfischer. An die große Sturmflut von 1962 erinnert die **Sturmflutenwelt Blanker Hans** (Dr.-Martin-Bahr-Str. 7, Tel. 048 34/90 91 35, www.blanker-hans.de, April–Okt. tgl. 10–18, Nov.–März Mi–Sa 10–17 Uhr; Jan.–März 2011 wegen Umbau geschl.). In dem wie eine Welle gestalteten Gebäude begibt man sich auf eine Zeitreise in die Atmosphäre einer historischen nächtlichen Sturmflut. Eine Ausstellung zu den Themen Gezeiten und Klimawandel ergänzt das Ganze.

Die Kirche **St. Clemens** mit ihrem spitzen Dachreiter wurde Mitte des 15. Jh. dem Schutzheiligen der Küstenbewohner und Schiffer geweiht. Der Backsteinsaalbau birgt eine Bronzetaufe (13. Jh.), die der Büsumer Seeräuber *Cord Widderich* einst auf Pellworm raubte. Wahrzeichen der Stadt ist der **Leuchtturm** am Hafen. In seinem traditionellen rot-weißen Streifendesign weist er schon seit dem Jahr 1913 den Schiffen den Weg.

Ausflug

In **Wesselburen**, 15 km nördlich von Büsum gelegen, wurde er geboren, der Dramatiker Friedrich Hebbel (1813–1863).. In der früheren Kirchspielvogtei, wo er als Bote und Schreiber arbeitete, hat man ein **Hebbel-Museum** eingerichtet (Österstr. 6, Tel. 048 33/41 90, www.hebbel-museum.de, Mai–Okt. Di–Do 10–12 und 14–17, Fr–So 10–12 und 15–17, Nov.–April Di, Do 14–17 Uhr) eingerichtet. Ein Modell des Elternhauses und Hebbels Schreibzimmer gewähren Einblick in sein Leben, Original-Handschriften dokumentieren seine Korrespondenz mit Zeitgenossen.

i Praktische Hinweise

Information

Touristinformation Heide-rundum, Markt 28, Heide, Tel. 04 81/212 21 60, www.tourismus.heide.de

Kur- und Tourismusservice Büsum, Südstrand 11, Tel. 048 34/90 90, www.buesum.de

Schiff

Reederei Rahder, Am Fischerkai 2, Büsum, Tel. 048 34/36 12, www.rahder.de.

Klein-Holland an Eider und Treene: die hübschen Giebelhäuser von Friedrichstadt

Fahrten nach Helgoland und durch den Nationalpark Wattenmeer.

Camping

Zur Perle, Dithmarscher Str. 43, Büsum, Tel. 04834/60137, www.campingplatz-zur-perle.de. Ausgezeichneter, moderner Campingplatz hinter dem Deich mit guter Ausstattung und direktem Zugang zum Sandstrand.

Hotels

****Kotthaus**, Rüsdorfer Str. 3, Heide, Tel. 0481/850980, www.hotel-kotthaus.de. Freundliches Haus der Mittelklasse mit Restaurant gleich am Bahnhof.

***Strandhotel Hohenzollern**, Strandstr. 2, Büsum, Tel. 04834/9950, www.strandhotel-hohenzollern.de. Preiswerte, gut ausgestattete Zimmer direkt am Meer, eigenes Restaurant.

Restaurant

Kolles Alter Muschelsaal, Hafenstr. 27, Büsum, Tel. 04834/2440, www.kolles-alter-muschelsaal.de. Mit 100 000 Muscheln ist der Innenraum dekoriert. Zu Essen gibt es köstliche Scholle, Krabben und mehr aus dem Meer (Mo geschl.).

10 Friedrichstadt

TOP TIPP *Romantisches ›Holländerstädtchen‹ mit Grachten und Giebelhäusern.*

Am Zusammenfluss von *Eider* und *Treene* ließ Herzog Friedrich III. von Schleswig-Gottorf 1621 eine Siedlung anlegen, die vor allem holländischen Glaubensflüchtlingen ein neues Zuhause und Religionsfreiheit bot. Am zentralen Marktplatz fehlt die dominierende Kirche, da die Gotteshäuser verschiedener Konfessionen als Ausdruck der Gleichberechtigung und gegenseitigen Toleranz über die gesamte Stadt verteilt wurden.

Der schlichte Saalbau der Kirche **St. Christophorus** am Mittelburgwall wurde 1649 im niederländischen Baustil jener Zeit errichtet. Zur Ausstattung gehört das bemerkenswerte barocke Altarbild (1675) des Rembrandt-Schülers *Jürgen Ovens*, das die Beweinung und Salbung Christi darstellt. 1624 erbauten holländische Flüchtlinge die **Remonstrantisch-Reformierte Kirche** in der Prinzessstraße, die nach einem Brand 1852 durch einen spätklassizistischen Saalbau ersetzt wurde. Auch die nach der Reformation erbaute katholische Kirche **St. Knud** am Fürstenburgwall musste baulicher Mängel wegen 1854 erneuert werden. Das neugotische Gotteshaus birgt ein wertvolles Kruzifix aus dem 13. Jh.

Im Jahr 1626 ließ der Statthalter Adolph van Wael die **Alte Münze** (Am Mittelburgwall 23, Tel. 04881/1511, www.museum-friedrichstadt.de, Mai–Sept. Di–So 11–17, April, Okt. Di–Fr 15–17, Sa/So 13–17 Uhr) im Stil der niederländischen Renaissance errichten. Tatsächlich erhielt die Stadt nie das Münzrecht, das Gebäude diente in der Folgezeit als Speicher. Heute ist die Münze *Stadtmuseum* mit viel Interessantem über die niederländischen Gründer. Ein Fenster gewährt Einblick in den *Betsaal der Mennoniten*, der sich seit 1652 in einem Querbau befindet.

Ein besonderes Besichtigungserlebnis ist eine **Grachtenfahrt** (ab Treene/Großer Garten), in deren Verlauf man die schönen niederländischen Kaufmannshäuser der Stadt mit ihren steilen Treppengiebeln bewundern kann.

Ausflüge

In **Lunden**, 12 km südwestlich von Friedrichstadt, erzählt der *Geschlechterfriedhof* neben der romanischen *St.-Laurentius-Kirche* von der stolzen Geschichte der einstigen Republik Dithmarschen. Die Grabplatten aus Sandstein schmücken die Wappen und Namen wohlhabender Bauernfamilien. Das attraktive *NaTour-Centrum* (Wilhelmstr. 18, Tel. 048 82/55 45, www.natourcentrum-lunden.de, Mai–Aug. Di–Do, Sa 14–16, Sept.–April Do 14–16 Uhr) von Lunden informiert mit Multimediaschau und Naturerlebnisraum über die Marschlandschaft. In seinem Außenraum führen Lehrpfade durch die Flusslandschaft Eider-Treene-Sorge.

Naturliebhaber können im 15 km östlich von Friedrichstadt gelegenen **Bergenhusen** *Störche* bewundern. Auf dem Gelände des *Michael-Otto-Instituts* (Goosstroot 1, Tel. 048 85/570, www.bergenhusen.nabu.de, Mitte März–Mitte Sept. tgl. 10–18 Uhr, sonst auf Anfrage) sind zwischen April und August bis zu 14 Nester besetzt, und in der Storchen-Auffangstation werden kranke Tiere gepflegt.

i Praktische Hinweise

Information

Tourist Information Friedrichstadt, Am Markt 9, Friedrichstadt, Tel. 048 81/939 30, www.friedrichstadt.de

Schiff

Friedrichstädter Grachtenschifffahrt, Prinzenstr. 33, Friedrichstadt, Tel. 048 81/15 72, www.grachtenfahrt.de

Friedrichstädter Grachten- und Treeneschifffahrt, Am Markt 17, Friedrichstadt, Tel. 048 81/87 63 95, www.grachtenschifffahrt.de

Friedrichstadts Zentrum lässt sich auch aus der Grachten-Perspektive erkunden

Hotels

******Aquarium**, Am Mittelburgwall 4–8, Friedrichstadt, Tel. 048 81/930 50, www.hotel-aquarium.de. Direkt an der Gracht gelegenes Hotel mit gutem Restaurant und Hallenbad.

Stadtshof, Remonstrantenweg 1, Friedrichstadt, Tel. 048 81/382, www.nordsee-ferienhaus-sattler.de. Apartments neben einem alten Bauernhof mit Garten.

Restaurants

Holländische Stube, Am Mittelburgwall 24–26, Friedrichstadt, Tel. 048 81/939 00, www.hollaendischestube.de. Café und Restaurant mit Regionalküche, die in einem holländischen Kaufmannshaus aus dem 17. Jh. eingerichtet wurden.

Lindenhof, Friedrichstr. 39, Lunden, Tel. 048 82/407, www.lindenhof-lunden.de. Landgasthof mit leichter Küche und traditionellen Speisen.

11 Halbinsel Eiderstedt

Eingedeichtes Marschland, nur von Kirchen und Haubargen überragt.

Wie ein dicker Daumen ragt die 15 km breite Halbinsel Eiderstedt 30 km in die Nordsee hinaus. Ein breiter, hoher *Grasdeich*, auf dem Hunderte von Schafen weiden, schützt das dünn besiedelte, im 15. Jh. dem Meer abgerungene Marschland vor den Fluten der Nordsee. Fahrradurlauber durchkreuzen die Felder und genießen auf den Binnendeichen die weite Sicht über das Land. Gedrungene romanische Kirchen weisen den Weg von Ort zu Ort, und da der Dorfgasthof, der Krug, meist nicht allzu weit entfernt steht, ist auch für eine belebende Rast gesorgt. *Haubarge*, mächtige friesische Bauernhöfe, ragen wie Inseln aus der flachen Landschaft. Unter ihren hohen, pyramidenförmigen Dächern waren Wohn-, Vorratsräume und Stallungen vereint und im Mittelgeviert wurde das Heu gelagert (Heuberge).

Das beeindruckende **Eidersperrwerk** trennt seit 1973 die Eidermündung von der offenen Nordsee. Bei günstigem Wetter sind die fünf 40 m breiten Strömungstore offen, bei Sturmflut werden sie geschlossen, um das Land vor Überschwemmung zu schützen.

Tönning, 8 km landeinwärts am Nordufer der Eider gelegen, blickt auf eine

Leuchtturm von Westerhever auf Eiderstedt – dank Kalender-Abbildungen eine Berühmtheit

1000-jährige Geschichte zurück. Im 17. Jh. war es Nebenresidenz der Gottorfer Herzöge. Das **Packhaus** (Am Eiderdeich, Tel. 048 61/614 20, Mai–Sept. Di–So 14.30–17.30 Uhr) von 1783, ein mächtiges dreigeschossiges Lagergebäude am Hafen, beherbergt heute eine interessante *Sammlung* zu Stadtgeschichte und Seefahrt. Der 62 m hohe Turm der Kirche **St. Laurentius** ist das Wahrzeichen Tönnings. Das Tonnengewölbe des Backsteinbaus ruht auf romanischen Grundmauern aus dem 12. Jh. und wurde 1704 mit biblischen Szenen reich bemalt. Der prunkvolle Barockaltar von 1634 stellt Abendmahl, Kreuzigung und Auferstehung dar. Der Rembrandt-Schüler Jürgen Ovens – er wurde 1623 in Tönning geboren – schuf auch die Medaillons; eines zeigt seine Frau, das andere ist ein Selbstporträt.

Das **Multimar Wattforum** (Am Robbenberg, Tel. 048 61/962 00, www.multimar-wattforum.de, April–Okt. tgl. 9–18, Nov.–März tgl. 10–17 Uhr) präsentiert mit einer spannenden Erlebnisausstellung und diversen Aquarien den Lebensraum Wattenmeer, die Artenvielfalt einheimischer Gewässer und die Welt der Wale – mit einem 17,5 m langen Pottwalskelett.

Im Zentrum der Halbinsel Eiderstedt liegt **Garding**. Die zweischiffige, romanische *Backsteinkirche* ist den Heiligen Christian, Bartholomäus und Maria Magdalena geweiht. Das zweischiffige Innere ist mit Wandmalereien aus Gotik und Renaissance reich verziert. In Garding wurde 1817 der Historiker und demokratische Reichstagsabgeordnete Theodor Mommsen geboren, der für seine *Römische Geschichte* 1902 als erster Deutscher den Nobelpreis für Literatur erhielt. Seinem Leben und Werk ist die **Theodor-Mommsen-Gedächtnisstätte** (Am Markt 5, meist geöffnet, sonst Schlüssel bei der Kirchengemeinde Garding, Am Markt 4, Tel. 048 62/172 67, Di–Fr 9–12 Uhr) im Geburtshaus des Politikers gewidmet.

Am Nordufer der Tümlauer Bucht, 12 km nordwestlich von Garding, warnt der 37 m hohe, rot-weiß gestreifte Leuchtturm von **Westerheversand** die vorbeifahrenden Schiffe vor Untiefen.

Genau in der Mitte der Halbinsel Eiderstedt, 6 km nordwestlich von Garding, liegt die kleine Ortschaft **Tetenbüll** mit ihrer spätgotischen St.-Anna-Kirche. Außerdem gibt es hier einen Kolonialwarenladen von 1820, der originalgetreu restauriert wurde und heute als *Haus Peters* (Dörpstraat 16, Tel. 048 62/681, Jan., Febr. Sa, So 14–18, März–Mai, Okt.–Dez. Di–So 14–18, Juni–Sept. 11–18 Uhr) mit Museum und Laden zum Besuch einlädt.

Etwa 8 km nördlich von Tönning erhebt sich der im 16. Jh. erbaute Herrensitz **Hoyersworth** (Tel. 048 64/294, www.hoyersworth.de, Führungen nur für Gruppen) in der freien Marsch, der einzige auf der bäuerlichen Eiderstedter Halbinsel. Der weiße Renaissancebau mit Treppenturm und Schweifgiebel kann nach Voranmeldung besichtigt werden.

TOP TIPP Der **Rote Haubarg** (Sand 5, Tel. 048 64/845, www.roterhaubarg.de, Di–So 11–22 Uhr) in Witzwort-Adolfskoog ist der schönste und mächtigste der alten, in holländischer Tradition erbauten Friesenhöfe. Der Bauernhof mit seinem pyramidenförmigen, von 12 m hohen Eichenstämmen gestützten Dach, rotem Mauerwerk und roten Dachziegeln wurde Mitte des 17. Jh. errichtet. Er brannte 100 Jahre später nieder und wurde in etwas kleinerer Form und mit geweißten Wänden wieder aufgebaut. Reet ersetzte die Dachziegel. Heute sorgt ein Restaurant mit regionalen Speisen für das leibliche Wohl der Gäste. Zudem sind im ehemaligen Stall- und Scheunenbereich landwirtschaftliche Maschinen aus den letzten Jahrhunderten ausgestellt. Modelle und Schautafeln erläutern den Aufbau der Haubarge.

i Praktische Hinweise

Information

Tourismus Zentrale Eiderstedt, Am Markt 26, Garding, Tel. 048 62/469, www.tz-eiderstedt.de

Schiff

Adler Schiffe, Hörnstraße 3, Nordstrand, Tel. 048 42/900 00, www.adler-schiffe.de. Fahrten vom Hafen Tönning in den Nationalpark Wattenmeer und zum Eidersperrwerk.

Hotels

****Godewind**, Am Hafen 23/24, Tönning, Tel. 048 61/66 00, www.romantisches-hotel-godewind.de. Komforthotel in historischem Ambiente und mit gutem Fischrestaurant.

****Zur Sonnenseite**, Tönninger Str. 4, Garding, Tel. 048 62/10 20 13, www.zursonnenseite.de. Moderne, gut ausgestattete Apartments liegen zentral inmitten der Halbinsel.

Restaurants

Andresen, Haus 4, Tönning-Katingsiel, Tel. 048 62/370, www.schankwirt.de. Uriges Ausflugslokal und älteste Schankwirtschaft der Westküste.

Kirchspielkrug, Karkenstraat 1, Tetenbüll, Tel. 048 62/80 96. Mit Eiderstedter Spezialitäten wie Weinsuppe, Saure Rolle und Mehlbeutel (Mo geschl.).

12 St. Peter-Ording

Strandsegler, Schwefelquellen und Restaurants auf Pfählen.

Das beliebte Touristenzentrum im Westen von Eiderstedt ist aus vier kleineren Ortsteilen zusammengewachsen. Im ursprünglichen **St. Peter-Dorf** mit der gotischen Backsteinkirche *St. Petri* befindet sich das *Museum der Landschaft Eiderstedt* (Olsdorfer Str. 6, Tel. 048 63/12 26, www.museum-landschaft-eiderstedt.de, März–Okt. Di–Sa 10–17, So 10–13, Nov.–Febr.

Windschnittige Strandsegler flitzen bei St. Peter-Ording über die Sandpisten am Meeresufer

Am Strand von St. Peter-Ording laden Pfahlbau-Restaurants zum Mahl mit Panoramablick

Di–Sa 14–17, So 10–13 Uhr). In dem langen, reetgedeckten Bau aus dem 18. Jh. wird Interessantes zu Geschichte und Brauchtum der Region gezeigt. Dazu zählen etwa eine um 1300 gefertigte Eichentruhe sowie das älteste Uhrwerk Schleswig-Holsteins – es stammt aus dem Jahr 1512. Das Kurzentrum **St. Peter-Bad** entstand um eine der heilkräftigsten *Schwefelquellen* Deutschlands, das ländliche **St. Peter-Böhl** wird von einem Leuchtturm überragt. **St. Peter-Ording** schließlich liegt in unmittelbarer Nähe zum Strand und zu ausgedehnten *Wäldern*, durch die Spazierwege führen. Am **Hitzsand**, einer 11 km langen und über 500 m breiten Sandbank, flitzen die dreirädrigen, zerbrechlich wirkenden *Strandsegler* mit atemberaubender Geschwindigkeit über den flachen Strand. Abenteuerlich ist auch eine rasante Fahrt entlang der Nordsee mit einem bis zu 80 km/h schnellen *Kitebuggy* (Informationen dazu gibt's bei der Tourismus-Zentrale).

TOP TIPP

Typisch für die Gegend sind auch die beliebten *Pfahlbau-Restaurants* am Rande der Strandzone. Und wem Wind und Wellen zu ungestüm sind, der kann in der gut temperierten **Dünen-Therme** (Marleens Knoll 2, Tel. 048 63/99 91 61, www.st.peter-ording-nordsee.de/duenen-therme.html, April–Okt. Mo–Sa 9.30–22, So 10–19, Nov.–März Mo–Fr 14–22, Sa 10–22, So 10–19 Uhr) eine überdachte Badelandschaft genießen. Zudem ist ein Besuch des **Westküstenparks** (Wohldweg 6, Tel. 048 63/30 44, www.westkuestenpark.de, April–Juni und Sept., Okt. tgl 9.30–18, Juli, Aug 9.30–19 Uhr, Nov.–März unregelmäßig geöffnet), ein Landschafts- und Tierpark mit Robbarium, immer ein Erlebnis.

i Praktische Hinweise

Information

Tourismus-Zentrale, Marleens Knoll 2, St. Peter-Ording, Tel. 048 63/99 90, www.st.peter-ording-nordsee.de

Hotels

******Friesen Residence**, Im Bad 58, St. Peter-Ording, Tel. 048 63/968 60, www.friesenresidence.de. Freundliche Apartments und Zimmer in einer geschmackvoll gestalteten Anlage.

******Vier Jahreszeiten**, Friedrich-Hebbel-Str. 2, St. Peter-Ording, Tel. 048 63/70 10, www.hotelvierjahreszeiten.de. Komforthotel mit Sporteinrichtungen und Badelandschaft..

Restaurants

Dat Schipp, im Hotel Seeburg, Blanker-Hans-Weg 6, St. Peter-Ording, Tel. 048 63/960 00, www.hotel-seeburg.de.de. 0Fisch und Krustentiere, stilecht serviert in maritimem Ambiente.

Strandbar, Strandweg, St. Peter-Ording, Tel. 048 63/47 81 75. Pfahlbau, wo mit leckeren Gerichten aufgewartet wird, wie z. B. Ofenkartoffeln mit Lachs.

Nordfriesland und seine Inseln – Dünen, Watt und Badefreuden

»De nich will dieken, mutt wieken.« – »Wer nicht deichen will, muss weichen.« Dieser Rechtssatz über die Verpflichtung der Landeigner zum Hochwasserschutz bestimmte das Leben der Nordfriesen, die vor mehr als 1000 Jahren die Region nördlich von **Husum** bis **Niebüll** sowie die der Küste vorgelagerten Inseln und Halligen besiedelt haben. Hohe Deiche und von zahllosen kleinen Kanälen durchzogene Marschen prägen noch heute das Landschaftsbild. Besonders deutlich hat die Gewalt des Meeres auf den Inseln **Nordstrand**, **Pellworm**, **Föhr**, **Amrum** und **Sylt** ihre Spuren hinterlassen. Meterhohe Sanddünen haben sich über die Jahrhunderte an den langen Stränden aufgetürmt. Die **Halligen** und sog. Sände im **Wattenmeer** – das seit 2009 auf der Liste des **UNESCO-Weltnaturerbes** steht – werden durch Priele, die auch bei Ebbe tiefe Wasserrinnen bilden, vom Festland getrennt. Die Siedlungen hat man hier auf Warften, aufgeschütteten Erdhügeln, errichtet. Bei Sturmflut heißt es daher immer noch ›Land unter!‹. Ein beliebtes Ausflugs- und Urlaubsziel schließlich sind die roten Felsen der Insel **Helgoland**, einst ein heiß umkämpfter Piratenunterschlupf und später dann Marinestützpunkt.

13 Husum

Das muntere Hafenstädtchen ist die Heimat des Dichters Theodor Storm.

Als im Jahr 1362 bei einer großen Sturmflut, der berüchtigten ›Mandränke‹, die Insel Alt-Nordstrand weitgehend versank und das Meer bis ins Marschland vordrang, entstand nördlich der Halbinsel Eiderstedt ein neuer **Hafen**. Die beiden Dörfer Oster- und Westerhusum wuchsen daraufhin rasch zusammen und entwickelten sich zum Hauptort der Region – mit heute rund 22 000 Einwohnern.

Zwei Jahrhunderte später ließ Herzog Adolf I. von Schleswig-Holstein-Gottorf am nördlichen Rand des heutigen Zentrums das **Schloss vor Husum** erbauen (König-Friedrich V.-Allee, Tel. 048 41/897 31 30, www.museumsverbund-nordfriesland.de, März–Okt. Di–So 11–17, Nov.–Febr. Sa/So 11–17 Uhr). Im Stil der niederländischen Renaissance aus rotem Backstein errichtet und reich mit Giebeln und Treppentürmen verziert – als besonders prachtvoll fällt das vielgestaltige Baude-

Von wegen ›Graue Stadt am Meer‹: Die Häuser an Husums Hafen ziehen bunte Töne vor ▷

kor des Torhauses ins Auge –, wurde die Anlage 1752 zum Amtshaus umgestaltet und barockisiert. Heute ist das Schloss als *Kulturzentrum* der Stadt Aufführungsort für Konzerte und Bühnenstücke, nicht zuletzt aber dient es als *Museum*. Zu besichtigen sind fürstliche Wohn- und Schlafräume, Rittersaal und Schlosskapelle. Der ausgebaute Dachstuhl gibt Wechselausstellungen (zeitgenössische Kunst) einen angemessenen Rahmen. Im großzügigen Schlosspark erblühen im Frühjahr um die 4 Mio. violette *Krokusse*. Noch weiter nördlich, an der Neustadt, bietet sich vom alten **Wasserturm** ein reizvoller Panoramablick auf die Stadt und das Umland.

Wer Husum erkundet, kommt an *Theodor Storm*, dem berühmtesten Sohn der Stadt, nicht vorbei. Im Schlosspark grüßt das *Theodor-Storm-Denkmal*, am Markt 9 ist sein *Geburtshaus* ausgewiesen, und natürlich gibt es eine nach dem Dichter benannte Straße. Im aufwendig restaurierten, im Biedermeierstil möblierten **Storm-Museum** (Wasserreihe 31, Tel. 04841/8038630, www.storm-gesellschaft.de, April–Okt. Di–Fr 10–17, Sa 11–17, So/Mo 14–17, Nov.–März Di, Do, Sa 14–17 Uhr), mit Wohnräumen und Poetenstübchen, Garten und Waschhaus, entstanden im Zeitraum zwischen 1866 und 1880 viele seiner Gedichte und Novellen.

Rund um den lebhaften **Marktplatz** und entlang der anschließenden *Großstraße* findet man einige repräsentative Bürgerhäuser aus dem 16. und 17. Jh. Das mehrfach umgebaute **Alte Rathaus** von 1601 wurde 1971 in seiner ursprünglichen Form rekonstruiert, wobei der barocke Dachreiter von 1702 erhalten blieb. Die klassizistische **Marktkirche** von 1833 ersetzt die 1807 abgerissene spätgotische Marienkirche, von der noch die prächtige *Bronzetaufe* erhalten ist.

Den **Asmussen-Woldsen-Brunnen** auf dem Marktplatz ziert die kräftige Bronzefigur einer friesischen Fischersfrau, genannt Tine. Die Stifter des 1902 entstandenen Werks des Husumer Bildhauers *Adolf Brütt* vermachten der Stadt ihr gesamtes Vermögen.

Im munteren **Binnenhafen** legen Ausflugsschiffe an. Die Markierungen am *Sturmflutpfahl* zeigen, wie bedrohlich hoch der Wasserstand hier öfter schon gewesen ist. Das **Schiffahrtsmuseum Nordfriesland** (Zingel 15, Tel. 04841/5257,

Tine, die Halligfriesin auf dem Marktplatz, steht für Husums wirtschaftlichen Aufstieg

www.schiffahrtsmuseum-nf.de, tgl. 10–17 Uhr) am Hafenende blättert die Geschichte Husums, seiner Werften, Walfänger und Seefahrerfamilien auf. Das **Nationalparkhaus** (Hafenstr. 3, Tel. 048 41/66 85 30, www.nationalparkhaus-husum.de, Mo–Sa 10–18, So 14–18, Jan., Febr. bis 17 Uhr) informiert umfassend über den Nationalpark Schleswig-Holsteinisches Wattenmeer, seine Bewohner und seine Gäste, die Zugvögel. Einen Besuch wert ist auch das nahe **Nordsee Museum Husum** (Herzog-Adolf-Str. 25, Tel. 048 41/25 45, www.museumsverbund-nordfriesland.de, April–Okt. tgl. 10–17, Nov.–März Di–So 11–17 Uhr) im Ludwig-Nissen-Haus. Der gebürtige Husumer Nissen, der in die USA ausgewandert war und 1924 als vermögender Juwelier in New York starb, hat es gestiftet. Die interaktiv konzipierte Ausstellung vermittelt einen Eindruck von Leben und Kultur an der Nordseeküste, vom immerwährenden Kampf mit dem Meer, den historischen Sturmfluten, den Techniken der Landgewinnung und des Deichbaus. Eine weitere Ausstellung widmet sich der Kunstsammlung des Stifters – darunter finden sich viele Werke der Tiermalerin Rosa Bonheur. Exponate mit Themenbezug zur Nordseeküste, u. a. von Carl Ludwig Jessen und Hans Peter Feddersen, sowie Sonderausstellungen ergänzen das Angebot.

i Praktische Hinweise

Information

Tourist-Information Husum, Großstr. 27, Husum, Tel. 048 41/898 70, www.husum-tourismus.de

Hotels

TOP TIPP *****Altes Gymnasium**, Süderstr. 2–10, Husum, Tel. 048 41/83 30, www.altes-gymnasium.de. Traumhaftes Stadthotel mit behaglichen Zimmern in dem früheren preußischen Gymnasium. Dazu gehören eine Badelandschaft und

Jedes Frühjahr verwandelt ein Krokusblütenteppich Husums Schlosspark in ein Farbenmeer

das hervorragende Restaurant Eucken, das mit norddeutscher Küche aufwartet.

****Lundenbergsand, Lundenbergweg 3, Simonsberg, Tel. 048 41/839 30, www.hotel-lundenbergsand.de. Idylle im Reetdachhaus hinterm Deich, mit Restaurant und Wellness-Bereich.

Restaurants

Dragseth's Gasthof, Zingel 11, Husum, Tel. 048 41/77 99 95, www.dragseths.de. Das Gasthaus serviert seinen Gästen seit 1584 friesische Traditionsküche.

Zum Krug, Alte Landstraße 2 a, Hockensbüll, Tel. 048 41/615 80, www.zum-krug.de. Im 300 Jahre alten Friesenhaus werden allerlei gut zubereitete regionale Spezialitäten kredenzt (Mo/Di geschl.).

14 Niebüll

Ferien ohne Hektik verspricht der Ort, wo der Himmel bis auf die Erde reicht.

Viele Urlauber kennen Niebüll nur als Bahnstation für die Autoverladung über den Hindenburgdamm nach Sylt, doch hat der Ort weit mehr zu bieten. Die Geschichte des Städtchens, das auf einem Geestrücken inmitten eingedeichter Marschen liegt, reicht bis ins 13. Jh. zurück. Die **Christuskirche**, ein Backsteinsaalbau mit hölzernem Turm, wurde 1729 errichtet. Die Granittaufe und die gotische Triumphkreuzgruppe stammen aus einem Vorgängerbau. Die **Apostelkirche** im Ortsteil *Deezbüll* stammt aus dem 13. Jh., der spätgotische Schnitzaltar ist

Ein Dichter, ein Mythos: Storm und sein Schimmelreiter

»Am grauen Strand, am grauen Meer, und seitab liegt die Stadt; Der Nebel drückt die Dächer schwer, und durch die Stille braust das Meer eintönig um die Stadt.« – Wenn im Frühjahr Hunderttausende Krokusse, Schneeglöckchen und Märzenbecher **Husum** samt Schlosspark, Wiesen und Vorgärten in ein wahres Blütenmeer verwandeln, ist von der Stimmung melancholischer Herbsttage, wie sie **Theodor Storm** (1817–1888) so eindringlich beschreibt, nichts zu spüren. Dieser größte Sohn der Stadt war ein meisterhafter Beobachter von Landschaft, Natur und Menschen seiner friesischen Heimat. Nach dem **Jurastudium** in Kiel und Berlin ließ er sich 1843 als Rechtsanwalt in Husum nieder. Storm sympathisierte offen mit den Unabhängigkeitsbestrebungen deutschstämmiger Schleswig-Holsteiner und musste 1852 – nach deren militärischer Niederlage gegen die dänische Herrschaft zwei Jahre zuvor – ins **Exil** gehen. Zunächst nach Potsdam wandte er sich und dann nach Heiligenstadt in Thüringen, wo er am Kreisgericht Recht sprach. Erst 1864, nach dem Sieg der Truppen Österreichs und Preußens gegen Dänemark, kehrte er zurück ins nun preußische Husum, wo er schließlich als **Amtsgerichtsrat** wirken sollte. Bekannter als seine Richtersprüche sind die **Gedichte** und Prosastücke, vor allem **Novellen**. Erzählungen wie ›Immensee‹ (1850), ›Pole Poppenspäler‹ (1874) oder ›Aquis submersus‹ (1876) machten den Husumer weit über Schleswig-Holstein hinaus bekannt, mit Dichtern wie Eichendorff, Mörike, Turgenjew oder Gottfried Keller stand Storm in Kontakt. Die dramatische Fabel vom Deichgrafen Hauke Haien, der, zwischen Fortschrittsglauben und Gespensterfurcht gefangen, an der Borniertheit seiner Umwelt und übersteigerter Selbstbezogenheit zugrunde geht, um dann bei drohender Sturmflut nächtens als gespenstischer ›**Schimmelreiter**‹ (1888) im Aberglauben des Volkes weiterzuleben, bleibt Theodor Storms berühmtestes Werk.

Theodor Storms Novellen bevölkern allerlei knorrige Charaktere von friesischem Schlag

ein Werk des 15. Jh. Erweitert und mit einer Barockkanzel ausgestattet wurde das Gotteshaus Mitte des 18. Jh.

Die Lebensweise nordfriesischer Bauern dokumentiert in Deezbüll das **Friesische Museum** (Osterweg 76, www.friesisches-museum.de, Juni–Sept. tgl. 14–16 Uhr), das in einem mit Möbeln aus dem 16–19. Jh. und allerlei Gerät komplett eingerichteten Backsteinhof (um 1700) untergebracht ist. Der Flora und Fauna der Region widmet sich das **Naturkundemuseum** (Hauptstr. 108, Tel. 04661/5691, www.nkm-niebuell.de, April–Okt. Di–So 14–17.30 Uhr) u.a. mit Großdioramen zu den Themen Binnengewässer, Wald und Wattenmeer. Im **Richard-Haizmann-Museum** (Rathausplatz 2, Tel. 04661/1010, www.haizmann-museum.de, Di–Fr 11–16.30, Sa 11–13, So 14–17 Uhr) trifft man auf beeindruckende Werke Haizmanns, der sich 1934 nach Niebüll zurückzog, nachdem seine modernen Tierplastiken und Gemälde von den Nationalsozialisten als ›entartet‹ gebrandmarkt worden waren. Darüber hinaus präsentieren Wechselausstellungen Kunstwerke der Moderne und Gegenwart.

Wer den Rickelsbüller Koog nördlich des Sylt mit dem Festland verbindenden Hindenburgdamms oder das *Seevogelschutzgebiet* beim Hauke-Haien-Koog südlich von Dagebüll erkunden möchte, sollte ein Fernglas mitnehmen, um die Vogelwelt mit ihren etwa 160 Arten gut beobachten zu können. **Dagebüll** selbst ist nicht nur Fährhafen nach Föhr und Amrum – an seinem grünen Strand sonnen sich auch zahlreiche Urlauber in den hier so typischen Strandkörben. Mittelpunkt der erst im 18. Jh. eingedeichten früheren Hallig ist die Kirche *St. Dionys* aus dem Jahr 1731, ein Backsteinsaalbau mit reicher Barockausstattung.

TOP TIPP Etwa 10 km nördlich von Niebüll, beim Ort **Seebüll**, steht es, das **Historische Nolde-Haus** (Tel. 04664/983930, www.nolde-stiftung.de, März–Nov. tgl. 10–18 Uhr). In dem roten Backsteingebäude im Bauhaus-Stil lebte und arbeitete der bedeutende expressionistische Maler *Emil Nolde* (1867–1956) ab 1937. Heute werden zeigt man hier seine Werke in Wechselausstellungen. Zu der umfänglichen Sammlung zählen farbintensive Stillleben und Landschaftsbilder in großem Format ebenso wie die miniaturhaften ›Ungemalten Bilder‹, die zur NS-Zeit, als Nolde mit einem Malverbot belegt war, im Verborgenen entstanden.

i Praktische Hinweise

Information

Nordfriesland Tourismus, Touristinformation Niebüll, Rathausplatz, Niebüll, Tel. 04661/941015, www.niebuell.de

Nordfriesland Tourismus, Zentrale Dagebüll, Am Badedeich 1, Dagebüll, Tel. 04667/95000

Schiff

Wyker Dampfschiffs-Reederei, Auf der Mole, Dagebüll, Tel. 01805080140 (0,14 €/Min.), www.faehre.de. Fähren von Dagebüll und Schlüttsiel nach Föhr, Amrum, Hooge, Langeneß.

Hotels

*****Landhotel Tetens**, Hauptstr. 24, Süderlügum (15 km nordöstlich von Niebüll), Tel. 04663/18580, www.landhotel-tetens.de. Historischer reetgedeckter Krug mit Ferienwohnungen.

*****Niebüller Hof**, Hauptstr. 15, Niebüll, Tel. 04661/608001, www.niebueller-hof.de. Gepflegte Atmosphäre und gut ausgestattete Zimmer, mit Restaurant.

Restaurant

TOP TIPP **Andresens Gasthof**, An der B 5, West-Bargum (15 km südöstlich von Niebüll), Tel. 04672/1098, www.andresensgasthof.de. Friesisches Landgasthaus mit ländlicher Spitzenküche und gemütlichen Zimmern (Mo/Di geschl.).

15 Nordstrand und Pellworm

›Trutz, Blanke Hans‹ – Sturmfluten und Landgewinne in den Uthlanden.

Vom Kampf mit den Fluten kann hier jeder etwas erzählen. Als Uthlande (Außenlande) bezeichnen die Nordfriesen ihre vom Meer immer wieder bedrohten Inseln und Halligen. Die verheerende Sturmflut von 1362 ließ die reiche Handelsmetropole *Rungholt* nahe der heutigen Hallig Südfall in der Nordsee versinken, die schlimme ›Mandränke‹ von 1634 zerriss die große Watteninsel *Alt-Nordstrand* und ließ die zerstörten Eilande Pellworm und Nordstrand mit einigen Halligen zurück. 8 m hohe Deiche, Dämme und Köge schützen die Menschen heute und haben wieder einiges Land zurückerobert.

Ungemaltes Bild – Emil Noldes ›Meer im Abendlicht‹ (Nolde Stiftung Seebüll)

Himmel und Meer in der Glut der Farben – der Maler Emil Nolde

Die kräftigen Farben der Sommerblumen im Garten seines Hauses bei **Seebüll** oder das dramatische Spiel von Wolken und Licht am weiten Himmel über der Marsch, das einen Sturm ankündigt – all dies bedeutet schon eine Einstimmung auf die Bilder **Emil Noldes** (1867–1956), die im Museum dieses Künstlers nahe bei der Grenze zu Dänemark bestaunt werden können.

Nach seiner Hochzeit mit der dänischen Schauspielerin Ada Vilstrup machte der als Emil Hansen nahe Tondern geborene Maler den Namen seines **Heimatdorfes** Nolde zum Familiennamen und zog 1927, wenige Jahre, nachdem Nordschleswig dänisch geworden war, ins weiter südlich gelegene Seebüll. Nolde war zunächst Mitglied der Berliner ›Sezession‹ und der Künstlergruppe ›Die Brücke‹. In dieser Zeit entstanden fantastisch-mystische Gemälde, eindrucksvolle Holzschnitte und Grafiken. Von seinen Weggefährten wandte sich der Künstler bald ab und gelangte zur Ausformung einer ganz eigenen, gefühlsbetonten Variante des **Expressionismus**. Nach dem Machtantritt der Nationalsozialisten geriet er, obgleich selber Anhänger der Hitlerbewegung, mit der Zeit in immer größeren Gegensatz zum herrschenden Regime. Noldes Bilder wurden als **entartet** diffamiert, mehr als tausend von ihnen beschlagnahmt, ihn selbst belegte man 1941 mit einem **Malverbot**. Während dieser Zeit entstanden dennoch 1300 kleinformatige Aquarelle, Noldes **›Ungemalte Bilder‹**, von denen er viele nach 1945 bis zu seinem Tod im Jahr 1956 in großformatige Ölgemälde übertrug. Aquarellminiaturen, magisch-religiöse Figurenkompositionen und namentlich Landschafts- und Blumenbilder in leuchtend-dramatischer Farbigkeit machen das Vermächtnis eines der bedeutendsten Künstlers des deutschen Expressionismus aus.

Vom 7 km nördlich von Husum gelegenen Wobbenbüll aus erreicht man **Nordstrand** über einen 4 km langen Straßendamm. Der eingedeichte *Beltringharder Koog* nördlich des Dammes ist Brut- und Rastplatz tausender Vögel. Die unbewohnte *Hallig Südfall*, ein bedeutendes Seevogelschutzgebiet westlich von Nordstrand, kann man auf geführten Wanderungen oder Kutschfahrten durch das bei Ebbe trockengefallene Watt besuchen. In **Süden** erinnert der kleine altkatholische

Alles im trockenen Bereich auf Hallig Hooge: Bei Ebbe weicht das Wasser seewärts zurück ▷

Dom *St. Theresia* (www.inseldom.de) von 1662 daran, dass die Gottorfer Herzöge nach der großen Sturmflut von 1634 holländische Deichbauer nach Nordstrand und Pellworm holten und ihnen Religionsfreiheit garantierten. Die *Nordstrander Töpferei* (Süden 44, Tel. 04842/400, www.nordstrander-toepferei.de) stellt friesische Keramik her.

Im Hafen *Strucklahnungshörn* startet die Autofähre zur weiter westlich gelegenen Nachbarinsel **Pellworm**, die etwa 50 cm unter der mittleren Meereshöhe liegt. Ohne Deiche wäre das fruchtbare Marschland also überflutet. An der Westseite der Insel ragt die Turmruine der **Alten Kirche** (www.alte-kirche.de), St. Salvator geweiht, als Mahnmal für das zerstörerische Wirken der Sturmflut in den Himmel. Zu ihren Füßen liegt der kleine Friedhof *Heimat der Namenlosen*, auf dem ertrunkene Seeleute, die das Meer wieder freigegeben hat, bestattet sind. Als kostbarster Schatz des weiß getünchten Saalbaus, dessen Ursprünge bis ins 11. Jh. zurückreichen, gilt die von dem berühmten Orgelbauer *Arp Schnitger* errichtete **Orgel** (1711). Zu den im Sommer veranstalteten Pellwormer Orgelkonzerten kommen regelmäßig Besucher von weither.

Die **Landwirtschaft** hat auf der 3700 ha großen Insel mit 50 Bauernhöfen neben dem Tourismus immer noch große wirtschaftliche Bedeutung. Etwa 12 Prozent der Nutzfläche wird von den Landwirten mittlerweile ökologisch bewirtschaftet. Ein kombiniertes **Wind- und Solarkraftwerk** (Tel. 04844/990460, Mo, Di, Do–So 10–17 Uhr) nahe dem Pellwormer Hafen versorgt die Marschinsel mit umweltfreundlicher Energie. Eine Ausstellung informiert die Besucher über regenerative Energiequellen.

Wer in Pellworm oder Nordstrand **Urlaub** macht, sucht nicht nach Hektik und Nervenkitzel. Hier ist immer Zeit für einen ›Klönschnack‹ am Deich oder im Gasthof. Radfahren, Baden oder geführte Wattwanderungen zu den Halligen Hooge und Süderoog gehören zu den beliebten Vergnügungen. Beim **Hafenfest** im Sommer geht es jedoch lebhaft zu. Da wird auch zu den alten friesischen Volkstänzen aufgespielt, zum Sprötzer Achtertörn und zur Geestländer Quadrille.

i Praktische Hinweise

Information

Kurverwaltung Nordstrand, Schulweg 4, Nordstrand, Tel. 04842/454, www.nordstrand.de

Kur- und Tourismusservice Pellworm, Uthlandestr. 2, Pellworm, Tel. 04844/18940, www.pellworm.de

Schiff

Adler-Schiffe, Hörnstr. 3, Nordstrand, Tel. 04842/90000, www.adler-schiffe.de. Zu den Halligen, nach Sylt und Amrum.

Neue Pellwormer Dampfschifffahrts GmbH, Am Tiefwasseranleger 1, Pellworm, Tel. 04844/753, www.faehre-pellworm.de. Pendelverkehr zwischen Pellworm und Nordstrand.

Hotel

Clausenhof, Pellworm, Tel. 04844/290, www.clausenhof.de. Gemütliche Ferienwohnungen unterm Reetdach.

Restaurants

Hotel-Restaurant England, England 46, Nordstrand, Tel. 04842/1075, www.hotel-

england.de. Gemütliches Restaurant, Zimmer und Apartments.

Fischrestaurant Nordseeblick, Tammensiel 4, Pellworm, Tel. 048 44/211, www.ferienwohnung-nordseeblick-pellworm.de. Große Auswahl an frisch zubereiteten Fischgerichten, direkt am Hafen gelegen (Mo geschl.).

Café

Pharisäer Hof, Elisabeth-Sophien-Koog, Nordstrand, Tel. 048 42/353, www.pharisaerhof.de. Nettes Café in einem alten Friesenhaus (saisonabhängige Öffnungszeiten).

16 Halligen und Sände

Schwimmende Träume – einsame Inseln im weiten Wattenmeer.

Wie Wellenbrecher liegen Langeneß (lange Nase), Hooge, Gröde, Nordstrandischmoor, Oland, Norderoog, Habel, Süderoog und Südfall im Wattenmeer vor der Küste, zusammengenommen nur 2281 ha groß und kaum 300 Einwohner zählend. Fähren verbinden die Halligen mit den Häfen Dagebüll und Schlüttsiel. Nur die kleine *Hamburger Hallig* ist (durch eine Mautstraße) mit dem Festland verbunden. Dennoch – Autos sind unerwünscht! Ein 1926 erbauter Lorendamm, ein Schienenweg, der lediglich dem Gütertransport dient, führt von Dagebüll nach Oland und Langeneß.

Die einzige Siedlung auf **Oland** zählt 16 Häuser und ein reetgedecktes Kirchlein, *St. Petri*, das 1824 das Gotteshaus einer untergegangenen Warft ersetzte. Das schmale **Langeneß** ragt 10 km ins Meer und ist mit 18 Warften die größte der Nordseehalligen. Vom abgeschiedenen Leben der Bewohner zeugt die alte *Friesenstube* (Tel. 046 84/235, Führungen Di, Do 10.30 Uhr oder nach Vereinbarung) auf der Honkenswarft.

Im Sommer legen zahlreiche Ausflugsschiffe in **Hooge**, der Königin der Halligen, an. Zum Besichtigungsprogramm gehört ein Besuch der Hanswarft mit ihrer Prachtstube, dem *Königspesel* (Tel. 048 49/219, April–Okt. tgl. 10–16 Uhr, Nov.–März nach Vereinbarung), wo 1825 der Dänenkönig Friedrich VI. bei einem Sturm Unterschlupf fand. Über 2000 holländische Wandfliesen mit biblischen Motiven schmücken den Wohnraum.

Mit 17 Einwohnern ist die Hallig **Gröde** (www.groede.de) die kleinste selbstständige Gemeinde Deutschlands, doch selbst hier gibt es einige Ferienwohnungen. Im Sommer blüht die blau-violette *Bondestave* (Halligflieder), eine seltene, geschützte Pflanze. Bei Weststürmen heißt es vor allem im Herbst häufig ›Land unter!‹ – dann ragen nur noch die sturmgepeitschten Warften mit ihren Häusern aus dem Meer.

Zu den unbewohnten *Vogelschutzinseln* wie **Norderoog** und **Süderoog** gehört auch das vor Friedrichskoog in Dithmarschen liegende Eiland **Trischen**, bereits seit 1910 als *Seevogelfreistatt* geschützt. Auf den Sandbänken, wie **Japsand**, **Norderoogsand** oder **Süderoogsand** tummeln sich *Seehunde*, deren Bestand an der schleswig-holsteinischen Nordseeküste wieder auf etwa 7000 Tiere angewachsen ist.

i Praktische Hinweise

Information

Tourismusbüro Halligen Langeneß und Oland, Ketelswarft 3, Langeneß, Tel. 046 84/217, www.langeness.de

Touristikbüro Hallig Hooge, Hanswarft, Hallig Hooge, Tel. 048 49/255, www.hooge.de

Hotels

******Frerks Buernhus**, Lorenzwarft, Hallig Hooge, Tel. 048 49/254, www.hallig-hotel.de. Komfortable Zimmer in einem ehem. Bauernhof mit Blick aufs Wattenmeer.

****Hilligenley**, Hilligenley Nr. 4, Langeneß, Tel. 046 84/223, www.hilligenley.de. Direkt am Meer gelegenes Hotel mit Restaurant.

17 Föhr

›Hartelk welkimen!‹ – Natururlaub auf der grünen Frieseninsel.

Schon 1819 gründeten Föhrer Bürger das Seebad **Wyk** am höher gelegenen Geestrücken im Süden der fast kreisrunden Insel – dort, wo sich ein 15 km langer *Sandstrand* erstreckt. Doch erst 1842, nachdem der dänische König Christian VIII. die Insel als Sommerfrische entdeckt hatte, begann deren Blütezeit als Heilbad der Vermögenden. Heute ist Wyk das touristische Zentrum von Föhr – mit Promenade und Strandkörben, Fährhafen, Fußgängerzone, Boutiquen und dem Erlebnisbad *AquaFöhr* (www.aquafoehr.de).

Die romanische Kirche **St. Nicolai** im Ortsteil *Boldixum* mit ihrem prächtigen Renaissancealtar wurde bereits im 13. Jh. errichtet. Wer sich für die Geschichte der Insel und das Brauchtum ihrer Bewohner interessiert, sollte das **Dr.-Carl-Häberlin-Friesenmuseum** (Rebbelstieg 34, Tel. 046 81/25 71, www.friesen-museum.de, Juli/Aug. tgl. 10–17, Mitte März–Juni, Sept./Okt. Di–So 10–17, Nov.–Mitte März Di–So 14–17 Uhr) in Wyk besuchen. Man betritt das Areal durch ein von zwei riesigen Walknochen gebildetes Tor. Auch eine *Bockwindmühle* von der Hallig Langeneß und der *Olesen-Hof* von 1617 aus dem

Glanzstück der Hanswarft auf Hallig Hooge ist der blau-weiß gekachelte Königspesel

Maritimes im Spiegel der Moderne – im ›Museum Kunst der Westküste‹ in Alkersum auf Föhr

Dorf Alkersum sind auf dem Museumsgelände aufgebaut.

Geschichten erzählen die Grabsteine auf den **Friedhöfen** von St. Nicolai in Wyk, St. Johannis in Nieblum und St. Laurentii bei Süderende. Inschriften und Bildmotive dokumentieren u. a. das Leben von Kapitänen und Harpunieren auf den Walfangschiffen des 17. und 18. Jh. und ihrer Frauen, die derweil zuverlässig Haus und Hof besorgten.

In Alkersum präsentiert das **Museum Kunst der Westküste** (Hauptstr. 1, Tel. 046 81/747400, www.mkdw.de, März–Okt. Di/Mi, Fr–So 10–17, Do 10–20, Nov.–Mitte Jan. Di–So 12–17 Uhr) internationale Grafik und Gemälde aus der Zeit von 1830–1930, die sich mit dem Thema ›Meer und Küste‹ auseinandersetzen. Herzstück der Wechselausstellungen ist die 480 Werke umfassende Sammlung des Unternehmers Fredrik Paulsen. Sie enthält hochkarätige Arbeiten skandinavischer und deutscher Künstler wie Johan C.C. Dahl, Edvard Munch, Max Liebermann, Max Beckmann und Emil Nolde. Im Stil eines skandinavischen Herrenhauses von 1900 ist *Grethjens Gasthof* errichtet, wo man unweit des Museums das Gesehene bei einer Tasse Tee Revue passieren lassen kann.

Nur 2 km südwestlich von Alkersum liegt **Nieblum**, ein idyllisches Friesendorf mit kopfsteingepflasterten Ulmen- und Lindenalleen. Sehenswert ist der sog. *Friesendom*, die stattliche romanische Kirche **St. Johannis** (www.friesendom.de), die im 12. Jh. aus Backstein erbaut wurde und einen geschnitzten Flügelaltar aus dem 15. Jh. birgt. In der Nachbarschaft befindet sich einer der gepflegtesten **Golfplätze** Deutschlands (Tel. 046 81/58 04 55, www.golfclubfoehr.de); seine Geschichte reicht bis in das Jahr 1925 zurück.

Von **Dunsum** an der Westküste starten bei Ebbe *Wattwanderungen* nach Amrum, die nur in Begleitung erfahrener Wattführer zu empfehlen sind, weil sie die gefährlichen Priele kennen.

Das gemütliche Seebad Wyk auf Föhr kann mit einladende Fischrestaurants aufwarten

In romanischer Strenge präsentiert sich der Friesendom St. Johannis in Nieblum/Föhr

Praktische Hinweise

Information

Föhr Tourismus, Reedereigebäude, Am Fähranleger 1, Wyk, Tel. 046 81/300, www.foehr.de

Schiff

Wyker Dampfschiffs-Reederei, Am Fähranleger 1, Wyk, Tel. 018 05 08 01 40 (0,14 €/Min), www.faehre.de. Überfahrt nach Dagebüll und Amrum. Bei Anreise mit dem Pkw ist eine frühzeitige Reservierung zu empfehlen.

Flugverbindung

Hanseflug, Tel. 018 05/38 03 80 (0,14 €/Min), www.hanseflug.de. Das Unternehmen bietet im Sommer 15-minütige Flüge mit einem alten Doppeldecker zwischen Westerland/Sylt und Föhr an.

Hotels

****Landhaus Altes Pastorat**, Süderende, Föhr, Tel. 046 83/226, www.landhaus-altes-pastorat.de. Exklusives Hotel im reetgedeckten ehem. Pastorat von 1732.

****Landhotel Witt**, Alkersumstieg 4, Nieblum, Tel. 046 81/587 70, www.hotel-witt.de. Gepflegtes Hotel mit Restaurant nahe dem Golfplatz.

Restaurant

Alt-Wyk, Große Str. 4, Wyk, Tel. 046 81/32 12, www.alt-wyk.de. In dem alten Backsteinhaus wird z. B. Lammrücken traditionell zubereitet.

Café

Stellys Hüüs, Haus Nr. 38, Oldsum, Tel. 046 83/306. Das ehem. Kapitänshaus mit Kuriositätenmuseum bietet Kaffee und Kuchen (Nov.–März Mo/Di geschl.).

Hof Pergande, Poststraat 7, Nieblum, Tel. 046 81/58 01 43, www.hof-pergande.de. Teestube und Café mit Sonnenterrasse. In der Scheune können Jung und Alt bunte Kerzen selbst herstellen.

18 Amrum

Traumhafter Strand, Dünen und Heide auf einer gemütlichen Ferieninsel.

Bei gutem Wetter überblickt man vom weiß-roten, die Düne mitgerechnet 66 m

hohen **Leuchtturm** (April–Mitte Okt. Mo–Fr 8.30–12.30, Mitte Okt.–März Mi 8.30–12.30 Uhr) zwischen Wittdün und Nebel die ganze Insel und kann bis nach Föhr und zu den Halligen sehen. Der TOP TIPP **Kniepsand**, ein an der Nordsee nahezu einmaliger, 15 km langer und bis zu 2000 m breiter Sandstrand, säumt die Westküste. Nach Osten wird er begrenzt von einer Dünenlandschaft, die sich bis zu 30 m hoch auftürmt. Ein Streifen Wald und Heide trennt die wüstenähnliche Szenerie von den Feldern und Marschen an der Wattenmeerseite.

2300 Menschen leben in fünf Dörfern auf der 20 km^2 großen Insel, die das im Osten benachbarte Föhr wie ein Wellenbrecher vor der Nordsee schützt. Die Grabsteine auf dem Friedhof der wuchtigen Kirche *St. Clemens* im alten Friesendorf **Nebel** erzählen von Seefahrern und Walfängern. Das *Heimatmuseum* (Ualjaat 4, Tel. 046 82/872, www.amrumer-windmuehle.de, April–Okt. tgl. 11–16 Uhr) in der Amrumer Windmühle am Ortsrand und das *Öömrang Hüs* (Waaswai 1, Tel. 046 82/2118, www.oeoemrang-hues.de, Mai–Okt Mo–Fr 10.30–12.30 und 15–17, Sa 15–17, Nov.–April Mo–Sa 15–17 Uhr), das alte Amrumer Haus, vermitteln einen Eindruck von der Lebenskultur der friesischen Einwohner. In **Wittdün**, dem Fährhafen im Süden der Insel, wurden schon vor mehr als 100 Jahren Badegäste bewirtet. Kurze Zeit später gründete Pfarrer Bodelschwingh in **Norddorf** sein Seehospiz. Über die einzigartige Fauna und Flora der sandigen Insel informiert in Norddorf das *Carl Zeiss Naturzentrum Amrum* (Strunwai 31, Tel. 046 82/16 35, www.naturzentrum-norddorf.de, April–Okt. Fr–Mi 10–17, Nov.–März Mi, Fr–So 12–16 Uhr). Die **Amrum Odde**, ganz im Norden gelegen, ist als Schutzgebiet für Seevögel ausgewiesen. Von der Wattseite kann man bei Ebbe an einer dreistündigen, 8 km langen, geführten **Wanderung** hinüber zum benachbarten Föhr teilnehmen.

Wind und Meer und ganz viel Sand: Amrum lockt mit einer Strandbreite der Superlative

Praktische Hinweise

Information

Amrum Touristik, Am Fähranleger, Wittdün, Tel. 046 82/940 30, www.amrum.de

Schiff

Wyker Dampfschiffs-Reederei, Am Fähranleger 1, Wyk auf Föhr, Tel. 018 05/08 01 40 (0,14 €/Min) www.faehre.de. Von Wittdün nach Wyk, Dagebüll, Schlüttsiel oder zu der Hallig Langeneß.

Adler-Schiffe, Hörnstr. 3, Nordstrand, Tel. 048 42/900 00, www.adler-schiffe.de. Ausflugsfahrten per Schiff ab Wittdün zu den Halligen sowie zu den Inseln Nordstrand und Sylt.

Bei Ebbe kann man Watt erleben

Es ist schon ein eigentümliches Naturschutzgebiet. Bei Flut breitet sich die Nordsee über den größten Teil seiner Grundfläche aus. Zweimal innerhalb von 24 Stunden jedoch fallen zwei Drittel des Wattenmeeres trocken, wenn die Ebbe das Wasser bis zu **20 km** von der Küste zurückweichen lässt. Die **Gezeiten**, der sechsstündige Rhythmus von Ebbe und Flut, sind der Pulsschlag eines weltweit einzigartigen Lebensraumes, der sich zwischen Esbjerg an der dänischen und Den Helder an der niederländischen Nordseeküste erstreckt. Seit 1985 werden 285 000 ha dieser Landschaft als TOP TIPP **Nationalpark Schleswig-Holsteinisches Wattenmeer** (Schlossgarten 1, Tönning, Tel. 048 61/61 60, www.wattenmeer-nationalpark.de) geschützt. Seit 1999 ist der Park 441 000 ha groß. Brutgebiete von See- und Zugvögeln wie die Vogelinseln Trischen, Norderoog oder Süderoog sind hier vereint, aber auch Sandbänke und Sände, auf denen man oft Seehunde entdecken kann. Geschützte Buchten zählen dazu, worin Schweinswale mit ihrem Nachwuchs gesichtet werden, auch Salzwiesen im Uferbereich des Festlandes, bewachsen mit Queller und Englischem Schlickgras, sowie das eigentliche **Watt**, der bei Niedrigwasser freigelegte, begehbare Teil des Meeresbodens. Über geführte Wattwanderungen informieren die Tourismusbüros der Anrainer-Orte.

Im Watt leben allein auf 1 cm^2 bis zu 1 Mio. kleinster Algen, die winzigen Wattschnecken vertragen sich mit Wattwürmern, die im Jahr bis zu 1000 t Sand pro Hektar ›umgraben‹. Große Kolonien von Miesmuscheln pumpen fleißig das Wasser des seit 2009 zum UNESCO-Weltnaturerbe zählenden Wattenmeers durch ihre Kiemen. Insgesamt haben die **10 000 Tier- und Pflanzenarten** hier ihren Lebensraum. Heringe, Seezungen, Schollen und andere verbringen in dieser **›Kinderstube‹** der Nordseefische ihre Jugendzeit. Im Spätsommer legen bis zu 2 Mio. Zugvögel hier eine Rast ein – darunter zahllose Möwen, Schwalben und Enten, aber auch Wildgänse, Lerchen und Regenpfeifer..

Fußmassage als Nebeneffekt: Herrlich ist eine Wattwanderung von Amrum nach Föhr.

Eine schroffe Stufe, dahinter feinster Sandstrand bis zum Horizont: bei Kampen auf Sylt

Camping

Campingplatz Amrum, Inselstraße 125, 3 km nördlich von Wittdün, Tel. 046 82/22 54, www.amrum-camping.de. Schöner Platz, in einem Dünental versteckt, mit guter Ausstattung.

Hotels

****Hüttmann**, Ual Saarepswai 2–6, Norddorf, Tel. 046 82/92 20, www.hotel-huettmann.de. Nordfriesische Gastlichkeit, nette Zimmer und Apartments.

****Seeblick**, Strunwai 13, Norddorf, Tel. 046 82/92 10, www.seeblicker.de. Komfortables Haus mit Badelandschaft, Sauna und Restaurant.

***Steenodde**, Stianoodswai 17, Steenodde, Tel. 046 82/942 40, www.hotel-steenodde.de. Harmonisch gestaltete Zimmer, Wellnessbereich und Restaurant mit friesischer Küche.

Restaurants

Blaue Maus, Inselstr. 107 (zwischen Wittdün und Nebel), Tel. 046 82/20 40, www.blauemaus-amrum.de. Bar mit 100 Whiskysorten und guter Musik.

Ual Öömrang Wiartshüs, Bräätlun 4, Norddorf, Tel. 046 82/836, www.ual-oeoemrang-wiartshues.de/ Amrumer Krabbenpfanne, Miesmuscheln und andere Leckereien. Auch Zimmer.

19 Sylt

›Rüm Hart – klaar Kimming‹, Trauminsel mit weitem Herzen und klarem Horizont.

Seit der 11 km lange Hindenburgdamm 1927 fertiggestellt wurde, ist das knapp 100 km^2 große, in unmittelbarer Nähe zu Dänemark gelegene Sylt mit dem Zug, der auch Autos befördert, auf dem Landweg erreichbar. Über 600 000 Besucher pro Jahr schätzen die urwüchsigen *Dünenlandschaften* und grünen Deiche am Watt, die blühende Heide, Felder und Weiden. Hinzu kommt ein breit gefächertes Angebot an Unterkünften, von der Jugendherberge bis zum Luxushotel, und unter den 200 *Restaurants* ist sowohl der Stehimbiss als auch der sternengeschmückte Gourmet-Tempel vertreten. Das *kulturelle Angebot* reicht vom Orgelkonzert in der Dorfkirche bis zum Meerkabarett [s. S. 52].

Die reine, jodhaltige Seeluft, der deutlich spürbare Wind, erheblich mehr Sonnenstunden als auf dem Festland, gute Wasserqualität und der reizvolle, 40 km lange **Strandsaum** an der Westküste gehören zu den Attraktionen Sylts. Rund 50 Prozent der Grundfläche steht inzwischen unter Naturschutz. Die landschaftliche Idylle erkundet man am besten auf

Mehr als Meeresrauschen – Kurkonzerte an der Uferpromenade von Westerland sind beliebt

den 200 km langen *Fahrradwegen* oder zu Fuß. Im **Wattenmeer**, das bei Ebbe zu ausgedehnten Spaziergängen einlädt, kann man *Eiderenten* und *Austernfischer* mit ihren orangefarbenen Schnäbeln beobachten, auf den Sandbänken sonnen sich zur Freude jedes Naturfreunds *Seehunde* und *Kegelrobben*.

Für viele ist der Aufenthalt auf Sylt auch ein **Sporturlaub**. Baden in der Nordsee ist angesagt, wobei man sich bei starker Brandung vor den *Treckern*, einer gefährlichen Unterströmung, vorsehen sollte. Außerdem gehören Reiten, Windsurfen, Segeln, Golfen und Tennis zu den beliebten Aktivitäten.

Westerland, der Hauptort von Sylt und Endstation der Bahnlinie an der Westküste, wurde im 15. Jh. nach einer Sturmflut neu erbaut. An frühere Zeiten erinnert noch die 1635 errichtete Alte Dorfkirche **St. Niels** am östlichen Ortsrand. Der spätgotische Schnitzaltar stellt die Krönung Mariens dar. Auf dem benachbarten *Friedhof der Namenlosen* sind ertrunkene, vom Meer wieder freigegebene Seeleute bestattet.

Seit 1855 ist Westerland ein beliebtes, lebhaftes Nordseebad. Im Herzen liegt die **Friedrichsstraße**, ein Boulevard mit zahlreichen Geschäften parallel zum Strand. Anziehungspunkt am Meer ist die **Musikmuschel**, wo bei Kurkonzerten bekannte Melodien erklingen. Die Bausünden der 1960er- und 1970er-Jahre ragen als Betonklötze in den Himmel, daneben findet man aber auch reetgedeckte Friesenhäuser. Das Erlebnisbad **Sylter Welle** (Strandstraße 32, Mo–So 10–22 Uhr) sowie das **Syltness Center** (Dr.-Nicolas-Straße 3, Tel. 0180/500 99 80, 0,14 €/Min.) mit Wellness- und Beautyangeboten garantieren Entspannung für Körper und Geist.

Im ehem. **Kurhaus**, einem Jugendstilbau von 1896, sind Spielbank und Rathaus unter einem Dach vereint.

In südlicher Richtung ist das **Sylt Aquarium** (Gaadt 33, Tel. 046 51/836 25 22, www.syltaquarium.de, tgl. 10–18 Uhr) einen Besuch wert. 25 Becken geben Einblick in die Unterwasserwelt der Nordsee und der Tropen. Rochen, Katzenhai, Dorsch und Aal treffen hier auf ihre exotischen Verwandten wie Doktorfisch, Zebrahai und Leoparden-Stechrochen. Durch zwei der Aquarien – das größere fasst 500 000 l – führt jeweils ein 10 m langer gläserner Tunnel.

Die 100 weltbesten Windsurfer zeigen Ende September beim **World Cup Sylt** (www.worldcupsylt.de) vor 200 000 Zuschauern nahe dem Brandenburger Strand ihr Können. In den Monaten Juli und August präsentiert jedes Jahr das **Meerkabarett** (www.meerkabarett.de) in der Rantumer *Sylt-Quelle* mit großem Erfolg ein vielfältiges Musik- und Unterhaltungsprogramm.

Weiter nördlich, schon in *Tinnum*, gibt ein 5 m hoher Ringwall mit einem Durchmesser von 120 m noch immer Rätsel auf. Es ist nicht klar, ob die **Tinnumburg** sächsische Wallanlage, Stützpunkt der Wikinger oder Fluchtburg vor den Attacken der Nordmänner war.

TOP TIPP An der Ostküste liegt die alte Seefahrergemeinde **Keitum**, früher Hauptort von Sylt. Da Gemeindevertreter das Zentrum mit seinen überwiegend vor 200 Jahren erbauten *Friesenhäusern* früh unter Denkmalschutz stellten, sucht das Ortsbild heute seinesgleichen. Das Museum **Altfriesisches Haus** (Am Kliff 13, Tel. 046 51/311 01, www.soelring-foriining.de, April–Okt. Mo–Fr 10–17, Sa/So 11–17, Nov.–März Mi–Sa 12–16 Uhr) dokumentiert *Alt-Sylter Wohnkultur*. Das **Sylter Heimatmuseum** ganz nabebei (Am Kliff 19, Tel. 046 51/316 69, www.soelring-foriining.de, April–Okt. Mo–Fr 10–17, Sa/So 11–17, Nov.–März Mi–Sa 12–16 Uhr) präsentiert eine Chronik friesischen Alltagslebens sowie nautisches Gerät und Landschaftsbilder. Außerdem zeigt es in der **Magnus-Weidemann Dokumentation** Werke des für Akt- und Landschaftsbilder bekannten Fotografen und Malers. Die Kirche **St. Severin**, an der Wattseite nördlich von Keitum, entstand zu Beginn des 13. Jh. und birgt einen gotischen Schnitzaltar aus dem 15. Jh. sowie eine fein gearbeitete Renaissance-Kanzel aus dem Jahre 1580.

Attraktion für Jung und Alt: Erkundungsfahrt mit der Pferdekutsche durch Keitum

In der Umgebung von **Archsum**, weiter südlich im Inselinneren gelegen, stehen die meisten der 20 verbliebenen taBauernhöfe von Sylt.

Die gedrungene Kirche *St. Martin* in **Morsum** aus dem 12. Jh. mit ihrem spätgotischen Schnitzaltar bildet den Mittelpunkt einer lebendigen, kleinen Gemeinde. Am **Morsum-Kliff**, einem 20 m hohen Steilufer im äußersten Osten, präsentiert die Natur 15 Mio. Jahre Erdgeschichte. Es birgt unzählige Fossilien von Muscheln, Krebsen, Schnecken und Fischen sowie kleine Halbedelsteine.

Bei **Munckmarsch** östlich des Flughafens legten bis zum Bau des Hindenburg-

Unaufgeräumt wirkt Westerlands Strand – was aber nicht für die Stimmung der Badegäste gilt

Abendlicher Zauber: Das Rote Kliff bei Kampen diente schon mancher Filmszene als Kulisse

damms die Fähren vom Festland an. Im restaurierten *Fährhaus* kann man heute gepflegt speisen (s. u.).

Wenningstedt-Braderup schließt sich nördlich an Westerland an. Die stilvollen Häuser im kleinen Braderup an der Wattseite stehen im Kontrast zu den ausgedehnten Siedlungen mit Gebäuden unterschiedlicher Baustile im westlichen Nachbarort Wenningstedt. In der dort befindlichen **Friesenkapelle**, der Dorfkirche, können die Gottesdienstbesucher das Vaterunser in Friesisch von der Wand ablesen: »üüs Hemels Faader, let din noom bi üüs uur helig«. Der christliche Gott wurde bei Bestattungen in der Jungsteinzeit, drei Jahrtausende v. Chr., naturgemäß noch nicht angerufen. Das dieser Ära zuzuordnende, aus mächtigen Findlingen zusammengefügte **Hünengrab** von *Denghoog* liegt gleich nebenan.

Kampen, 5 km nördlich von Wenningstedt, war in den 1960er- und 1970er-Jahren als Treffpunkt der Schickeria oft in den Schlagzeilen der Regenbogenpresse. Inzwischen ist es hier etwas ruhiger geworden. Einen Abglanz bietet noch der von zahlreichen Boutiquen und Szenelokalen gesäumte *Strönwai*, der auch schlicht Whisky-Meile genannt wird.

TOP TIPP

Das **Rote Kliff** von Kampen, eine 30 m hohe Abbruchkante, reflektiert die untergehende Abendsonne, und wer von hier auf den Strand schaut, sieht ihn aus dem Blickwinkel der kreischenden Möwen. Die 52,5 m hohe **Uwe-Düne** ist nach *Uwe Jens Lornsen* (1793–1838) benannt, der wegen separatistischer Neigungen und Agitation von der dänischen Krone als Keitumer Landvogt abgesetzt und ins Gefängnis geworfen wurde.

Im Hafen von **List**, der nördlichsten Gemeinde Deutschlands, legt die Autofähre aus Havneby auf der dänischen Insel Rømø an. Im Hafen serviert *Gosch* seine weit über Sylt hinaus bekannten Fischbrötchen und Meeresspezialitäten. In unmittelbarer Nähe davon lockt die interaktive Ausstellung des **Erlebniszentrums Naturgewalten Sylt** (Hafenstraße 37, Tel. 04651/836190, www.muez.de, tgl. 10–18, Juli/Aug. 10–22 Uhr). Multimedia-Angebote, Modelle und Schautafeln informieren über die Gezeiten, das Klima der Nordsee und die Sturmfluten. Am Wellenkanal können Besucher die Wasserbewegungen selbst erzeugen. NASA-Aufnahmen gewähren einen Blick aus dem Weltraum auf das Klimageschehen. Wieder auf dem Erdboden angekommen, erfährt man im Treibhaus Wissenswertes über die Folgen globaler Erderwärmung.

Der **Ellenbogen**, eine Landzunge am Nordende der Insel, befindet sich nach einer Schenkung des dänischen Königs im 15. Jh. im Privatbesitz einiger Lister Familien, die für das Betreten dieses Paradieses Wegezoll verlangen (Vorsicht: Badeverbot wegen gefährlicher Strömungen!). Auf **List-Land** unterhalb des Ellenbogens breiten sich einzigartige, gewaltige *Wanderdünen* aus, die sich jedes Jahr einige Meter verschieben.

Südlich von Westerland erstreckt sich das Natur- und Vogelschutzgebiet **Rantumer Becken**. Vom nahe dem Dikjen-Deel gelegenen *Informationszentrum Eidum Vogelkoje* aus (Tel. 0171/2167887, Mo 10–12, Di, Do 14–18, Mi, Fr 16–18 Uhr) kann man an geführten Wanderungen teilnehmen.

In **Rantum** sind die Hausdächer traditionell mit Reet gedeckt, selbst die Kirche bildet keine Ausnahme. Sylt ist hier nur wenige hundert Meter breit und setzt sich als schmale Landzunge mit endlosen Stränden bis zur Südspitze fort.

Meeresströmungen haben in den letzten Jahren bedenklich viel Sand von der *Hörnumer Odde* (auch hier Badeverbot) abgetragen. Im Hafen von **Hörnum** starten Ausflugsdampfer zu den Nachbarinseln Amrum und Föhr sowie zu den Halligen.

Praktische Hinweise

Information

Sylt Marketing, Stephanstr. 6, Westerland, Tel. 04651/82020, www.sylt.de

Flughafen

Flughafen Sylt, bei Westerland, Tel. 04651/920612, www.flughafen-sylt.de

Bahn

SyltShuttle, Tel. 01805/934567 (0,14 €/Min.), www.syltshuttle.de. Der Autozug der Deutschen Bahn benötigt nur 30 Min. von Niebüll nach Westerland.

Camping

Campingplatz Westerland, Rantumer Str., Tel. 04651/836160, www.campingplatz-westerland.de. Südlich von Westerland am landseitigen Dünenrand.

Campingplatz Südhörn, Ziegeleiweg, Tinnum, Tel. 04651/3607, www.campingplatz-suedhoern.de. Komfortabler Platz auf einer Wiese am Strand.

Hotels

TOP TIPP *******Benen-Diken-Hof**, Süderstr. 3–5, Keitum, Tel. 04651/93830, www.benen-diken-hof.de. Traumhotel mit Reetdach, schönem Innenhof und harmonischem Entspannungsbereich. Mit ausgezeichnetem Restaurant.

*******Fährhaus Sylt**, Heefwai 1, Munkmarsch, Tel. 04651/93970, www.faehrhaus-sylt.de. Edelherberge im viktorianischen Stil, großer Wellnessbereich und Spitzenrestaurant.

*******Stadt Hamburg**, Strandstr. 2, Westerland, Tel. 04651/8580, www.hotelstadthamburg.com. Traditionsherberge von 1869 mit komfortablen Zimmern.

*****Watthof**, Alte Dorfstr. 40, Rantum, Tel. 04651/8020, www.watthof.de. Hübsche Zimmer mit Wattblick im Reethaus, dazu ein Restaurant mit mediterranen Speisen.

Restaurants

Gogärtchen, Strönwai 12, Kampen, Tel. 04651/41242, www.gogaertchen-sylt.de. Sylts Szenetreff bietet Köstlichkeiten.

Gosch, Am Hafen, List, Tel. 04651/951910, www.gosch.de. Fischbrötchen, Bratfisch und Scampi von morgens bis spät abends.

TOP TIPP **Jörg Müller**, Süderstr. 8, Westerland, Tel. 04651/27788, www.hotel-joerg-mueller.de. Feinste Nordseeküche

Gourmetküche und ein entsprechendes Ambiente bietet Jörg Müller in Westerland an

vom Meister der Sylter Spitzenköche. Im angeschlossenen *Pesel* gibt es ebenfalls gute, jedoch preisgünstigere Menüs.

Olive, Hotel Strandhoern, Dünenstraße 20, Wenningstedt, Tel. 046 51/945 00, www.strandhoern.de. Ausgezeichnete Küche von Dirk Lässig (Mi geschl.).

Die Osteria, Fischerweg 32, Westerland, Tel. 046 51/298 19, www.reiners-osteria-sylt.de. Location direkt am Campingplatz mit viel Platz für Kinder. Neben tollem Essen lockt abends die *Dschungelbar*.

Sansibar, Hörnumer Str. 80, in den Dünen zwischen Rantum und Hörnum, Tel. 046 51/96 46 46, www.sansibar-sylt.de. Als Restaurant, Weinhandel und Fashion-Label beliebter Sylt-Treffpunkt mit Brunch und abendlichem Fondue.

Söl'ring Hof, Am Sandwall 1, Rantum, Tel. 046 51/83 62 00, www.soelring-hof.de. Internationale und regionale Gerichte exquisit zubereitet vom Zwei-Sterne-Koch im Fünf-Sterne-Hotel (So geschl.).

20 Helgoland

Roter Fels in der Brandung – Deutschlands charmanter Vorposten.

»Grün ist das Land, rot ist die Kant', weiß ist der Sand, das sind die Farben von Helgoland.« So beschreibt ein alter Vers die mehr als 70 km vom Festland entfernte Insel. Schon von weitem grüßt das bis zu 50 m hohe, unverwechselbare Plateau aus rotem Buntsandstein seine Besucher – mehr als 300 000 kommen pro Jahr. Mit kleinen, schaukelnden Börtebooten werden sie vom Schiff zur Landungsbrücke gebracht. Dann geht es von der *Unterstadt* per Treppe, Serpentinenweg oder Fahrstuhl zum *Oberland*. Ein knapp einstündiger Spaziergang führt auf dem **Klippenrandweg** entlang der *roten Kant* der Steilküste um die gut 2 km^2 große Insel. Im Westen erhebt sich einsam die **Lange Anna**, eine mächtige, von der Natur geschaffene Steinsäule, stets von Nordseestürmen bedroht. In den Felsklippen des Plateaus nisten *Trottellummen*, selten gewordene, pinguinähnliche Seevögel. Wer hier erlebt, wie der rote Feuerball der Sonne abends im Atlantischen Ozean versinkt, wird Helgoland sicher nicht vergessen.

TOP TIPP

Im Mittelalter galt das Eiland als Piratenstützpunkt. **Klaus Störtebeker**, der berühmteste der hiesigen Freibeuter, wurde 1402 vor Helgoland von Kriegskoggen der Hanse aufgebracht und bald darauf in Hamburg geköpft.

Die Herzöge von Schleswig, der Dänische König, England und Deutschland wechselten sich als Besitzer der strategisch günstig gelegenen Insel ab. Seit 1890 ist Helgoland deutsch. Die deutsche Kriegsmarine baute den Felsen in beiden Weltkriegen zum Stützpunkt aus, Bombenangriffe der Engländer legten 1945 Häuser und Anlagen in Schutt und Asche.

Inzwischen geht es friedlich zu. Bei der Regatta rund um Helgoland während der **Nordseewoche** (www.nordseewoche.de) zu Pfingsten kämpfen nur die Hochseejachten um den Sieg. Auch Landratten können an Törns teilnehmen oder das Segeln lernen (Yachtschule Helgoland, Kurpromenade 36, Tel. 047 25/80 07 77, www.yachtschule-helgoland.de). Wer etwas länger bleibt, wird sich das **Aquarium der Biologischen Anstalt Helgoland** (Kurpromenade 201, Tel. 047 25/819 32 28, www.awi.de/de/institut/standorte/helgoland/aquarium, April–Okt. Mo–Fr 10–17, Sa/So 13–16 Uhr, Nov.–März auf Anfrage) nicht entgehen lassen. 19 Becken mit Bewohnern wie Aal, Rochen und Seewolf gewähren einen unterhaltsamen Einblick in die Unterwasserwelt der Nordsee. Der Kurpromenade in nördlicher Richtung folgend, erreicht man das **Museum Helgoland** (Tel. 047 25/12 92, www.museum-helgoland.de, April–Mitte Okt. Di–So 10–14.30 Uhr, sonst nach Vereinbarung). Es wartet mit einer Ausstellung zur Ge-

Auf Helgoland zu Hause und gesellige Gesellen sind die pinguinähnlichen Trottellummen

Großartige Buntsandstein-Formation: Ein wenig erinnert Helgoland an den Grand Canyon

schichte der Insel auf. Im Museumshof zeigt in zwei bunten Hummerbuden das *James Krüss Museum* Bücher, Briefe, Manuskripte und Fotos des bekannten, auf Helgoland geborenen Kinderbuchautors (1926–1997), der ›Timm Thaler‹ erfand.

TOP TIPP Reine Luft, klares Wasser sowie lange, wunderbare Strände bietet die benachbarte **Badedüne**, die per *Dünenfähre* von der Landungsbrücke aus zu erreichen ist. Bis zur Silvesternacht 1720 kam man noch ohne Boot auf das flache, 70 ha große Eiland, dann zerstörte ein Orkan die Landverbindung.

Praktische Hinweise

Information

Helgoland Touristik im Rathaus, Lung Wai 28, Helgoland, Tel. 04725/206799, www.helgoland.de

Schiff

Reederei Rahder, Tel. 04834/3612, www.rahder.de. Von Büsum nach Helgoland.

Reederei Cassen Eils, Tel. 04721/35082, www.helgolandreisen.de. Im Winter ab Cuxhaven, im Sommer ab Büsum.

Reederei Warrings, Tel. 04464/94950, www.reederei-warrings.de. Fahrten zu den Seehundbänken ab Wilhelmshaven.

Förde Reederei Seetouristik, Tel. 0461/8640, www.frs.de. Ab Cuxhaven, Hamburg und Wedel.

Hotels

******Atoll Ocean Resort**, Lung Wai 27, Helgoland, Tel. 04725/8000, www.atoll.de. Luxuriöse Anlage mit Wellnessbereich und Restaurant.

******Insulaner**, Am Südstrand 2, Helgoland, Tel. 04725/81410, www.insulaner.com. Modernes Haus in reizvoller Lage mit ausgezeichnetem Restaurant.

Restaurants

Bunte Kuh, Hafenstr. 1013–1018, Helgoland, Tel. 04725/811343, www.buntekuh-helgoland.de. Fischhochgenuss in der Atmosphäre einer Hummerbude.

Mocca Stuben, Hingstgars 447 , Helgoland, Tel. 04725/1253, www.mocca-stuben.de. Regionale und internationale Speisen der Spitzenklasse, große Auswahl an erlesenen Weinen.

Flensburger Bucht, Angeln und Schlei – Knicks und Rum und stolze Schlösser

Die hügelige Landschaft zwischen Flensburg und Schleswig ist Bauernland. Wälder, Heideflächen, Moore und kleine Seen unterbrechen die von **Knicks**, üppig bewachsenen Erd- und Steinwällen, durchzogenen Felder. Die schmucken Dörfer hier werden von romanischen Kirchen überragt – und alten Holländer-Windmühlen, deren mächtig-behäbige Schöpfräder einstmals der Entwässerung der feuchten Niederungen dienten. Im Museumsdorf **Unewatt** wird das bäuerliche Leben vergangener Jahrhunderte wieder lebendig. Die Ostseeküste ist der dänischen See zugewandt. Ausflugsschiffe steuern von Flensburg aus auf schönen Routen durch Teile der dänischen Inselwelt. Von Maasholm schließlich zieht sich die Förde **Schlei**, ein lang gezogener Fjord, 40 km weit in die Landschaft hinein. Die stimmungsvolle Stadtsilhouette von **Flensburg** mit den restaurierten historischen Kaufmannshöfen und die ehemals herzogliche Residenz Schleswig mit dem prunkvollen **Schloss Gottorf** bilden in dieser Region den Rahmen für eine landschaftliche Idylle. Von hier sind ab dem 5. Jh. in mehreren Schüben germanische Volksstämme – Angeln, Sachsen und Jüten – aufgebrochen, um über den Kanal zu setzen un den südlichen Teil Großbritanniens zu besiedeln.

21 Flensburg

Man rühmt Flensburgs Rum – und das gewisse deutsch-dänische Flair.

Gegen 1200 wurde Flensburg als dänischer Handelsstützpunkt am inneren Winkel der 34 km langen Fördelandschaft gegründet. Es liegt heute direkt an der Grenze zu Dänemark. Jeder fünfte Flensburger nennt Dänisch seine Muttersprache, es gibt eine dänische Zeitung, Kindergärten, Schulen und Vereine. Die dänischsprachige Minderheit im Norden Schleswig-Holsteins ist politisch im *Süd-Schleswigschen Wählerverband (SSW)* organisiert und mit Abgeordneten im Kieler Landtag vertreten. Viele Flensburger sprechen – oder verstehen zumindest – *Petuh*, eine unverwechselbare Mischung aus Hochdeutsch, Plattdeutsch und Dänisch. Die entspannte Atmosphäre in der **Altstadt** und die munter flatternden heimischen und dänischen Wimpel an den Segelbooten in der Förde lassen bewaffnete Auseinandersetzungen zwischen

Nah am Wasser gebaut: Flensburgs Altstadt wird vom Kirchturm von St. Marien überragt ▷

beiden Nationen heute absurd erscheinen. 1864 jedoch, als preußische Truppen die dänischen Schanzen an den Düppeler Höhen westlich von Sønderborg eroberten, war das ganz anders.

Die im *Kraftfahrtbundesamt* im Stadtteil Mürwik verzeichneten Verkehrssünden deutscher Autofahrer, Rum und ein Sexartikel-Versand haben Flensburgs Namen weithin bekannt gemacht. Natürlich hat die Stadt – immerhin knapp 89 000 Menschen leben hier – noch einiges mehr zu bieten.

Die Einkaufsmeile zieht sich vom **Nordertor** 1 (16. Jh.) – dem Wahrzeichen Flensburgs und bis Ende des 18. Jh. nördliche Grenze der Stadt – über die **Fußgängerzone** bis zum Südermarkt. Von den traditionellen **Kaufmannshöfen**, die in Flensburg ab Ende des 16. Jh. entstanden, wurden inzwischen viele, wie der Rote Hof, Brasseriehof, Norwegerhof, Blumenhof, Krusehof und Handwerkerhof, restauriert und durch Galerien, Boutiquen, Werkstätten und kleine Läden zu neuem Leben erweckt. Den Errungenschaften der Neuzeit ist die **Phänomenta** 2 (Norderstr. 157–163, Tel. 04 61/14 44 90, www.phaenomenta.com, Juni–Sept. Mo–Fr 10–18, Sa/So 11–18, Okt.–Mai Mo–Fr 9–17, Sa/So 11–18 Uhr) in der Nähe vom Nordertor gewidmet. Die Ausstellung moderner Technik und Wissenschaft mit vielen Experimentiermöglichkeiten an über 150 Stationen begeistert nicht nur Jugendliche.

Einem Privileg des dänischen Königs von 1755, dem Handel mit **Rum** von den dänischen Karibik-Kolonien, den heutigen US-Virgin Islands, verdankte Flensburg seine Blüte im 18. Jh. Der importierte Rum wurde an der Förde in Eichenfässern gelagert und dem europäischen Geschmack entsprechend verschnitten. Am *Museumshafen* halten im Mai die **Rum-Regatta** (www.rumregatta.de) mit historischen Segelschiffen, vor allem aber das **Schifffahrtsmuseum** 3 (Schiffbrücke 39, Tel. 04 61/85 29 70, www.schiffahrtsmuseum.flensburg.de, April–Okt. Di–So 10–17, Nov.–März Di–So 10–16 Uhr) im ehem. Zollpackhaus mit Modellen, Schiffsinstrumenten, alten Stichen und dem angeschlossenen **Rum-Museum** die Erinnerung an die seemännischen und hochprozentigen Glanzzeiten Flensburgs wach.

Auch der **Oluf-Samson-Gang** 4 mit seinen gemütlichen kleinen Häuschen hatte lange mit der entbehrungsreichen Seefahrt zu tun. Er galt unter Matrosen als

lieblichster Rotlichtdistrikt Deutschlands. Inzwischen sind die meisten der auf diesem Sektor tätigen Frauen in andere Bezirke der Stadt verbannt worden.

An Sommerwochenenden qualmt der 1908 gebaute Salondampfer *Alexandra* (Tel. 0461/21232, www.dampfer-alexandra.de) mit gut gelaunten Ausflugsgästen über die Förde. **Flensburger Dampf-Rundum** (www.flensburger-dampf-rundum.de) heißt der Korso von Alexandra und weiteren Dampfschiffen aus Ost- und Nordseehäfen, der jedes zweite, ungerade Jahr im Juli veranstaltet wird.

In Flensburgs **Altstadt** erhebt sich neben dem Uhrturm des stattlichen *Alten Gymnasiums* der spitze Turm der 1284–1445 erbauten Backsteinkirche **St. Marien** 5. Ein Meisterwerk der Spätrenaissance ist der *Altar* von 1598. Der bronzene *Taufkessel* aus gleicher Epoche ist mit Dürers ›Kleiner Passion‹ nachempfundenen Reliefs versehen. Spätgotische Wandmalereien zieren das Kirchengewölbe.

Den **Nordermarkt** 6 zieren außerdem der Neptunbrunnen (18. Jh.) und die Arkadengänge des **Schrangen** (16. Jh.). Unweit westlich bietet der **Museumsberg Flensburg** 7 (Museumsberg 1, Tel. 0461/852956, www.museumsberg.flensburg.de, April–Okt. Di–So 10–17, Do bis 20, Nov.–März Di–So 10–16, Do bis 20 Uhr) ei-

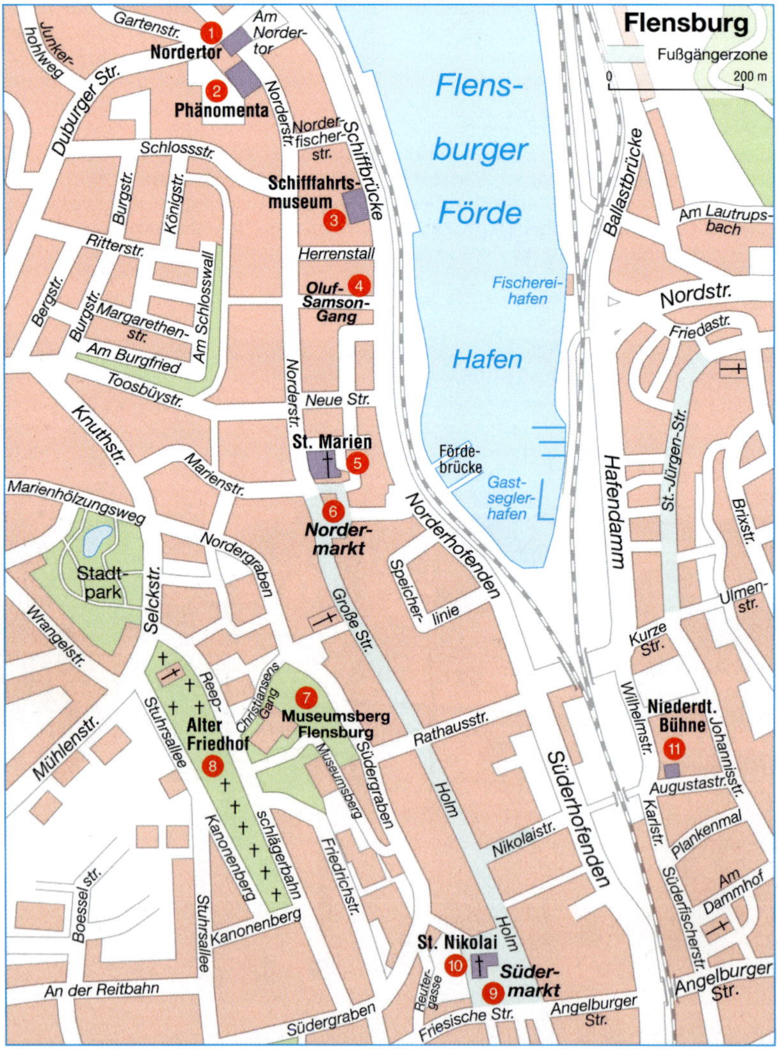

Spirale in Schwingung – viel Spaß an Wissenschaft und Technik vermittelt die Phänomenta

nen herrlichen Blick über die Stadt und die bewaldeten, hügeligen Ufer der Förde. Eingebettet in eine historische Parklandschaft dokumentieren das *Heinrich-Sauermann-Haus* und das *Hans-Christiansen-Haus* (bis Mai 2011 wegen Restaurierung geschl.) umfassend Kunst- und Kulturgeschichte der Region vom 13.–20. Jh.. Herausragend sind die Möbelsammlungmit Original-Bauernstuben, die Kollektion schleswig-holsteinischer Malerei des 19. Jh. und die Jugendstilabteilung mit Werken der Flensburgers Hans Christiansen. Den Höhepunkt bildet die Abteilung Expressionismus mit Werken von Künstlern wie Emil Nolde, Erich Heckel und Ernst Barlach.

Auf dem nahen **Alten Friedhof** 8 ruhen die Gefallenen des deutsch-dänischen Krieges im 19. Jh. Über den Holm gelangt man sodann zum **Südermarkt** 9. Mittwochs und samstags gibt's hier Obst und Gemüse – im Schatten der 1390–1480 erbauten Backsteinkirche **St. Nikolai** 10. Deren meisterlichen *Orgelprospekt* im Stil der Renaissance schuf Heinrich Ringeringk im frühen 17. Jh. Beachtenswert sind auch der spätbarocke Altar (18. Jh.), die reich verzierte Kanzel (16. Jh.) und das bronzene Taufbecken (15. Jh.).

Ein Besuch der **Niederdeutschen Bühne** 11 (Augustastr. 3–5, Tel. 04 61/137 90, www.niederdeutschebuehne.de) mit ihren in plattdeutscher Mundart dargebotenen Stücken rundet den Flensburg-Besuch höchst liebenswürdig ab..

Praktische Hinweise

Information

Flensburg Fjord Tourismus, Rathausstr. 1, Flensburg, Tel. 04 61/909 09 20, www.flensburg-tourismus.de

Behaglich bummeln lässt sich's auf der Großen Straße – sie führt zur Kirche St. Marien

Traum in Weiß: Das Wasserschloss Glücksburg und seine Naturkulisse harmonieren perfekt

Hotels

******Hotel des Nordens***, Alte Zollstr. 44, Harrislee, Tel. 04 61/70 20, www.hotel-des-nordens.de. Großzügige Anlage mit mehreren Pools und Saunen.

*****Wassersleben**, Wassersleben 4, Harrislee, Tel. 04 61/774 20, www.hotel-wassersleben.de. Wunderbare Lage am Strand der Förde, freundliche Zimmer mit Blick aufs Wasser.

*****Am Wasserturm**, Blasberg 13, Flensburg, Tel. 04 61/315 06 00, www.hotel-am-wasserturm.com. Klares, skandinavisches Ambiente an der Ostseite der Förde.

Restaurants

Marienhölzung, Marienhölzungsweg 150, Flensburg, Tel. 04 61/58 22 94, www.gasthaus-marienhoelzung.de. Gepflegtes Gasthaus im Stadtwald (Mo geschl.).

Piet Henningsen, Schiffbrücke 20, Flensburg, Tel. 04 61/245 76, www.restaurant-piet-henningsen.de. Maritime Speisekarte in nautisch dekoriertem Hafenrestaurant.

22 Glücksburg

TOP TIPP *Ein Traum-Wasserschloss und ein Surfparadies am Fördestrand.*

GGGMF, die Anfangsbuchstaben des Wahlspruchs von Herzog Johann d. J. von Schleswig-Holstein-Sonderburg-Plön – *Gott gebe Glück mit Frieden* – sind über dem Portal des prächtigen **Wasserschlosses Glücksburg** (Tel. 046 31/44 23 30, www.schloss-gluecksburg.de, Mai–Sept. tgl. 10–18, Okt. Di–So 10–18, Nov.–April Sa/So 11–16 Uhr, Einlass bis 1 Std. vor Schließung) eingemeißelt. Der jüngste Sohn des dänischen Königs Christian III. ließ den markanten weißen Renaissancebau 1582–87 vom Flensburger Baumeister *Nikolaus Karies* am Südufer der Förde errichten. Der Baukörper mit seinen drei parallel hintereinander gestaffelten, ziegelgedeckten Satteldächern wird von vier mächtigen achteckigen Türmen eingefasst. An drei Seiten plätschert das Wasser des Schlosssees gegen die Granitsockel des Gebäudes. *Kavaliershaus*, *Torhaus* und *Wirtschaftsgebäude* sind über kurze Straßendämme zu erreichen.

Im **Inneren** des Schlosses können die barocke *Kapelle* mit einer Fürstenloge, dazu einige Prunkräume wie der mit klassizistischen Möbeln eingerichtete (hell gestaltete) *Rote Saal* besichtigt werden. Weitere Glanzpunkte sind die wertvolle Porträtgalerie, der an *Auguste Victoria*, die Gemahlin *Wilhelms II.*, erinnernde *Kaiserin-Turm* sowie der *Kaiserin-Salon*, und der *Weiße Saal* mit kostbaren flämischen Gobelins aus der Mitte des 18. Jh.

Östlich des spektakulären Wasserschlosses und des dazugehörigen *Residenzstädtchens Glücksburg* ragt die schmale Halbinsel **Holnis** keilförmig nach Norden in die Bucht und teilt diese in Außen- und Innenförde. Ein etwa 360 ha großes Terrain ihrer teils bewaldeten und von einer bis zu 30 m hohen Steilküste begrenzten Spitze ist als *Naturreservat* geschützt und durch Wanderwege erschlossen. Im Osten der Halbinsel erstrecken sich beliebte *Badestrände*, z. B. der von **Bockholm**. Für Windsurfer ist Holnis ein Paradies, denn an einer ihrer Küsten weht fast immer eine steife Brise.

Praktische Hinweise

Information

Tourist Service Center Glücksburg, Schloss Glücksburg, Tel. 08 00 202 00 40, www.gluecksburg-ostsee.de

Camping

Ostseecamp Glücksburg-Holnis, Am Kurstrand 3, Glücksburg-Holnis, Tel. 046 31/62 20 71, www.ostseecamp-holnis.de. Strandplatz auf einer von Büschen und Bäumen gesäumten Wiese.

Unterkünfte

*******Alter Meierhof**, Uferstr. 1, Glücksburg, Tel. 046 31/619 90, www.alter-meierhof.de. Wellnesshotel im modernen Gutshofstil mit Fördepanorama und Gourmet-Restaurant.

****Café Drei**, Drei 5, Glücksburg-Holnis, Tel. 046 31/610 00, www.cafe-drei.de. Zimmer und Ferienwohnungen am Strand, Café mit Panoramablick.

Restaurant

Fährhaus Holnis, Holnisser Fährstraße, Glücksburg-Holnis, Tel. 0 46 31/613 30. Café und Restaurant im alten Gutshof.

Strandhotel Glücksburg, Kirstenstr. 6, Glücksburg, Tel. 046 31/614 10, www.strandhotel-gluecksburg.de. Ausgezeichnete, kreative Regionalküche, dazu ein wunderbares Hotel.

23 Angeln

Ländliches Feriengebiet mit Bauernhöfen, Windmühlen und Feldsteinkirchen.

Die hügelige Landschaft von Angeln mit ihren Wäldern, Mooren und Seen wurde von Grundmoränen der letzten Eiszeit geformt. Sie ist für einen beschaulichen Urlaub mit **Fahrradtouren** auf den 1600 km markierten Fahrradwegen wie geschaffen. An den Sand-, Kies- und Steilküsten der Ostsee zwischen Flensburger Förde und Schlei gibt es keine mondänen Badeorte oder Bettenburgen. Die Gäste, die es hierher zieht, bevorzugen Ferienwohnungen und -häuser oder Zimmer auf Bauernhöfen. In den Dörfern findet man gedrungene romanische *Granitsteinkirchen*, die ab dem 12. Jh. entstanden sind. Nicht selten gehören *Windmühlen* zu den höchsten Gebäuden in den Dörfern des Landes Angeln, einige wurden restauriert und zu Restaurants und Unterkünften umgebaut.

Südöstlich von Glücksburg, nahe *Langballig*, gibt ein ganzes Dorf als **Landschaftsmuseum Angeln/Unewatt** (Unewatter Str. 1 a, Tel. 046 36/10 21, www.museum-unewatt.de, Mai–Sept. Di–So 10–17, April, Okt. Fr–So 10–17 Uhr) einen interessanten Einblick in das bäuerliche Leben vergangener Zeiten. Am Eingang des Areals befindet sich ein für Südangeln typisches Fachhallenhaus, der 1626 errichtete *Marxenhof*. Ein Rundweg führt sodann zu liebevoll restaurierten Gebäuden wie der Räucherei oder der voll funktionsfähigen Buttermühle mit Wasserradanlage. In der Kornwindmühle *Fortuna* von 1878 erfährt man Näheres über die Getreideverarbeitung, landwirtschaftliches Gerät ist in einer Scheune ausgestellt.

Etwa 9 km weiter birgt die romanische Kirche *St. Martin* im Örtchen **Steinbergkirche** einen geschnitzten, spätgotischen Altar aus dem 15. Jh. Die ebenfalls romanische Kirche *St. Marien* von **Sörup**, inmitten einer Moor- und Seenlandschaft gelegen, gilt als Vorbild vieler Landkirchen der Region. So auch für die aus Feldsteinen errichtete Dorfkirche des nahen **Satrup** mit einem Taufbecken (13. Jh.) aus Gotland.

Das stattliche, dreiflügelige Herrenhaus von **Gelting** befindet sich noch heute in Privatbesitz. Sönke Ingwersen, vom däni-

Markante Landmarke am Ufer der Schlei: der Turm des Schleswiger Doms St. Petri

schen König zum Baron von Gelting ernannt, ließ die mittlelalterliche Anlage zum repräsentativen Landschloss umbauen. Spaziergänger treffen im Landschafts- und Vogelschutzgebiet **Geltinger Birk**, das die Spitze der teils sandigen, teils moorigen, in die Ostsee hineinragenden Halbinsel einnimmt, auf vom Wind eigentümlich geformte Bäume und Sträucher, die *Windflüchter* heißen. Wind benötigte auch eines der Wahrzeichen von Angeln am Geltinger Noor, die **Windmühle Charlotte**, die am Südrand des heutigen Naturschutzgebietes einst ein Schöpfwerk zur Entwässerung des Landes antrieb.

Guten Rutsch! Im Freizeitpark Tolk-Schau dreht sich alles um rasante Aktivität

Süderbrarup ist Zielort der nostalgischen *Angelner Dampfeisenbahn* (Tel. 04631/2095, www.angelner-dampfeisenbahn.de), die an ausgewählten Tagen aus Kappeln herangeschnauft kommt. Im Schatten des neugotischen Glockenturmes der romanischen Kirche *St. Jacobi* wird Ende Juli der höchst lebendige Jahrmarkt (www.brarupmarkt.de) von Angeln abgehalten. Im Wirtschaftsgebäude der *Rurup-Mühle* informiert das **Bernsteinmuseum** (Tel. 04641/8289, Mai–Okt. Di–So 10–12 und 14–17 Uhr) über Ursprung, Fundorte und Verarbeitung des ›Ostseegoldes‹. Das **Thorsberger Moor** am nördlichen Rand von Süderbrarup war bis zur Abwanderung der Angeln auf die Britischen Inseln im 5. Jh. eine bedeutende *Kult- und Opferstätte* zu Ehren des germanischen Kriegsgottes *Thor*. Viele der gut erhaltenen Fundstücke sind im Landesmuseum von Schloss Gottorf [s. S. 66f.] in Schleswig ausgestellt .

Das nicht weit von Schleswig gelegene **Tolk** ist den meisten Urlaubern nicht wegen seiner romanischen, aus Feldsteinen erbauten Kirche, sondern wegen des Wild-, Freizeit- und Märchenparks **Tolk-Schau** (Tel. 04622/18990, www.tolk-schau.de, Mai, Juni, Sept. Sa–Di 10–18, Juli/Aug. tgl. 10–18, Okt. Sa/So 10–18 Uhr) bekannt. Das Erlebnisareal mit Sommerrodelbahn, Bootsrutsche, Berg- und Talbahn sowie die weitläufige Parkanlage mit

Plastik-Dinosauriern garantieren Freizeitspaß für Groß und Klein.

Bei **Idstedt**, 10 km nördlich von Schleswig, führt ein um 3000 v. Chr. errichtetes *Hünengrab* in die Frühgeschichte. Die Ausstellungen der *Idstedt-Halle* (Tel. 04625/402, April–Sept. Di–So 9–17, Okt.–März So–Fr 9–17 Uhr) dagegen dokumentieren die Unabhängigkeitsbestrebungen deutschstämmiger Schleswig-Holsteiner und den Verlauf der von den Aufständischen verlorenen Schlacht gegen die Dänen bei Idstedt am 25. Juli 1850.

Praktische Hinweise

Information

Ferienland Ostsee – Geltinger Bucht, Nordstr. 1a, Gelting, Tel. 04643/777, www.ferienlandostsee.de

Touristinformation, Holmlück 2, Steinbergkirche, Tel. 04632/849140, www.ferienlandostsee.de

Touristinformation Schleidörfer, Königstr. 3, Süderbrarup, Tel. 04641/2047, www.ostseefjordschlei.de

Grünes Binnenland, Dorfstr. 8, Tarp, Tel. 04638/898404, www.tourismus-nord.de

Hotels

******Historischer Krug**, Grazer Platz 1, Oeversee, Tel. 04630/9400, www.historischer-krug.de. Romantische Hotelanlage mit angegliedertem Gourmet-Restaurant Privileg.

*****Poseidon**, Schmiedestr. 1, Gelting, Tel. 04643/2500, www.poseidongelting.de. Freundliche Zimmer, mit griechischem Restaurant und Sommergarten.

Restaurants

Landgasthaus Streichmühle, An der Nordstr. 1, Streichmühle, Tel. 04636/265, www.streichmuehle.de. Regionale Küche mit frischen Produkten, aufgetischt in angenehmer Atmosphäre.

Landhaus Schütt, Nübelfeld 34, Quern, Tel. 04632/84318, www.landhaus-schuett.de. Kreativ zubereitete Speisen.

Den Damm lang – per Rad von Süderbrarup nach Schleswig

Vor langer Zeit bereits wurde sie stillgelegt, die alte **Kreisbahnlinie**, der man über eine Strecke von gut 23 km folgt – stellt ihre durch reizvolle Gegend führende Trasse doch eine feine Rad-Bahn mit **Natur-Erlebniswert** dar. In Süderbrarup (Bahnhof) geht's los, nach dem Passieren von Bahnhofstr. und Großer Str. sowie Querung der DB-Strecke Richtung Flensburg geht der Weg zunächst ein Stück an dieser aktiven Schienenverbindung entlang. Durch sanft wellige Landschaft fährt man weiter. Charaktervolle Orte wie Nottfeld, Steinfeld, Taarstedt und Schaalby reihen sich an der Strecke. Am Ziel schließlich, in Schleswig, warten viele hochkarätige **Kulturgüter** auf die wackeren Radler.

24 Schleswig

Die Residenzstadt an der Schlei vereint auf kleinem Raum große Kultur.

Die beschauliche Stadt am Ende der tief ins Land führenden Schleibucht war ab dem 10. Jh. *Bischofssitz* und ab dem 12. Jh. glanzvolle herzogliche Residenz. Bereits 804 wurde ein *Sliesthorp* in den Fränkischen Reichsannalen erwähnt, der eigentliche Aufstieg der Stadt begann jedoch erst nach der Zerstörung der bedeutenden Wikingersiedlung *Haithabu* am gegenüberliegenden Ufer der Schlei durch den Norwegerkönig Harald den Harten und andere Angreifer im 11. Jh.

Die Residenz der Herzöge von Schleswig und später der von Schleswig-Holstein-Gottorf entwickelte sich zu einem politischen und kulturellen Zentrum des Landes, vor allem nachdem Herzog Friedrich I. 1523 zum dänischen König gewählt worden war.

Top Tipp

Er ließ die mittelalterliche Wasserburg auf der Burginsel in der Schlei zu dem prächtigen **Schloss Gottorf** 1 (Tel. 04621/813222, www.schloss-gottorf.de, April–Okt. tgl. 10–18, Nov.–März Di–Fr 10–16, Sa/So 10–17 Uhr) umgestalten. Damals entstand der **Westflügel** im Stil der Frührenaissance. Das 17. Jh. war die Blütezeit Gottorfs, im Rahmen der letzten großen Baumaßnahmen unter Herzog Friedrich IV. wurde der mächtige barocke **Südflügel** (1697–1703) errichtet. Nachdem das Schloss lange Zeit als Kaserne dänischer, preußischer und deutscher Streitkräfte gedient hatte, restaurierte man die Anlage nach dem Zweiten Weltkrieg und brachte in ihren Sälen und Gemächern

Prachtvoll mit Gemälden und Intarsien ausgeschmückt ist die Kapelle von Schloss Gottorf

den größten Teil der kostbaren Sammlungen aus dem Besitz der **Landesmuseen Schleswig-Holsteins** unter.

Opulente Zeugniss der *Kunst- und Kulturgeschichte* des Landes wie Altäre, Möbel, oder Gemälde – darunter Werke von Lucas Cranach d. Ä. und eine Gutenbergbibel von 1454 – sind in der **Gotischen Halle** und angrenzenden Sälen ausgestellt. Der mit Jagdtrophäen dekorierte **Hirschsaal** ist einer der eindrucksvollen Prunkräume des Schlosses. Die ebenfalls Ende des 16. Jh. entstandene zweigeschossige **Kapelle** weist reichen Gemälde- und Intarsienschmuck auf. Ein Glanzpunkt ist im Emporengeschoss die prunkvolle *Herzogliche Betstube*. Im Mittelpunkt der Sammlung zur *Vor- und Frühgeschichte*, die sich**Exerzierhaus** findet, stehen das 23 m lange *Nydam-Schiff*, ein Ruderboot aus dem 4. Jh., und die berühmten *Moorleichen* der Eisenzeit aus dem Thorsberger Opfermoor bei Süderbrarup. **Kreuzstall** und Skulpturengarten sind *moderner Kunst* gewidmet, u.a. von Ernst Barlach und Emil Nolde.

Nördlich vom Schloss, inmitten des wiederhergestellten Barockgartens am Herkulesteich, bietet das **Globus Haus** 2 (Tel. 04621/813222, April–Okt. tgl. 10–18

Bekannt ist Schloss Gottorf nicht zuletzt dank seiner Sammlung gut erhaltener Moorleichen

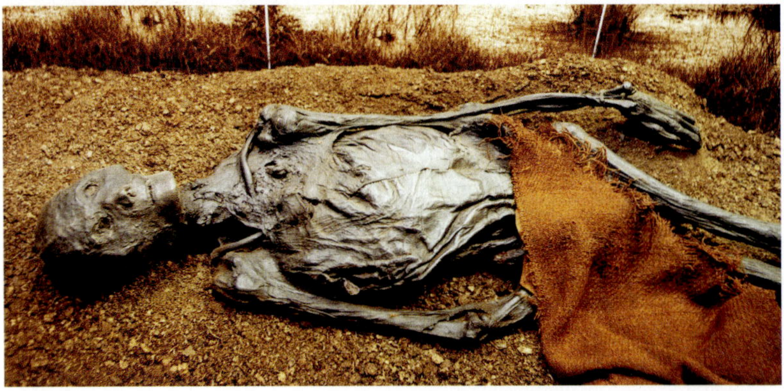

Uhr, letzter Einlass 1 Std. vor Schließung, Anmeldung empfohlen) einen ungewöhnlichen Blick auf die Welt und das Firmament. Der Nachbau des *Gottorfer Globus* aus dem 17. Jh. zeigt außen die damals bekannte Erde und innen die Sternenbilder. Bis zu acht Personen können wie schon vor rund 250 Jahren in den Globus hineinsteigen, um den Lauf der Gestirne nachzuvollziehen.

Im *Günderothschen Hof*, einem ehemaligen Adelspalais südlich des Schlosses, befindet sich das **Stadtmuseum Schleswig** 3 (Friedrichstr. 9–11, Tel. 04621/936820, www.stadtmuseum-schleswig.de, Juli/Aug. tgl. 10–17, Sept.–April Di–So 10–17 Uhr). Es illustriert anhand von Original-Mobiliar, kostbaren Fayencen, Gemälden und einer mittelalterliche Druckerei die Stadtgeschichte. Ein etwa 500 Einzelstücke umfassendes Spielzeug-Kabinett und das *Teddy Bär Haus* mit einer Sammlung der possierlichen Plüschgefährten lassen Kinderherzen höher schlagen. Zudem präsentiert das Museum im *Fotoforum* vielseitige internationale Wechselausstellungen. Das beste Bild von Schleswig macht man sich vom Café [s. S. 69] im Obergeschoss des nahe gelegenen **Wikingturms** 4 aus, eines protzigen Apartmentriesen aus den 1970er-Jahren.

Im Fokus stehen die hübsche **Altstadt** und der imposante 112 m hohe **Turm des Doms St. Petri** 5 (Tel. 04621/989595, www.schleswiger-dom.de, Mai–Sept. tgl. 9–17, Okt.–April tgl. 10–16 Uhr). Auf den Resten eines romanischen Vorgängerbaus entstand im 13.–15. Jh. die gotische Basilika mit Kreuzgang. Der **Westturm** kam erst 1894 hinzu, ein Geschenk des deutschen Kaisers. Bedeutendstes Kunstwerk im **Innern** ist der aus Eichenholz geschnitzte **Bordesholmer Altar** (1514–21). In mit 400 Figuren dicht bevölkerten Bildkulissen stellte *Hans Brüggemann* 22 Szenen aus der Passion Christi dar, eingebettet in filigrane Rahmenornamente. Weitere Glanzstücke der Kirche sind der – rekonstruierte – *Lettner* mit Triumphkreuzgruppe (15. Jh.) und die Gewölbemalereien (13./15. Jh.). In der den Chor flankierenden *Fürstengruft* sind die Herzöge von Gottorf beigesetzt. Deckenfresken aus dem 14. Jh. schmücken den anschließenden dreiflügeligen gotischen *Kreuzgang*. Sie stellen Szenen aus dem Leben Christi dar.

TOP TIPP

Das stattliche, dreigeschossige **Rathaus** 6, nur wenige Schritte vom Dom entfernt, wurde Ende des 18. Jh. auf den Grundmauern der Kirche des *Grauklosters* errichtet, einer Franziskanerabtei aus dem 13. Jh. Reste des Vorgängerbaus sind erhalten. Im Ständesaal tagte 1836–48 die Landesvertretung, der von Granitsäulen getragene Giebelvorbau diente im Mittelalter als Pranger. Schleswigs schönste barocke *Bürgerhäuser* (17./18. Jh.) findet man westlich des Rathausmarkts, sie stehen in der **Langen Straße** 7 (Nr. 9, 19) und am **Gallberg** 8 (Nr. 3, 4).

Von hier ist es nicht mehr weit zum einstigen Fischerdorf **Holm** 9, das bis 1933 von einem Wassergraben umgeben war und heute innerhalb der Stadtgrenze liegt. ›Klöndören‹, horizontal zweigeteilte Haustüren, die zu einem gemütlichen Schwätzchen geöffnet werden können, Fischer, die an der Schlei ihre Netze flicken, und das mittelalterliche *St.-Johannis-Kloster* (Tel. 04621/24236, www.st-johannis-kloster.de, Besichtigung im Rahmen einer Führung nach Anmeldung), nach der Reformation in ein Stift für adlige Damen umgewandelt, verleihen dem Dorf eine idyllische Atmosphäre. Bei der hiesigen *Twiebakken Regatta* segeln jedes Jahr im August ausrangierte Fischer-

Ein Wunderwerk der Holzschnitzkunst ist der Bordesholmer Altar im Dom von Schleswig

In den Gassen des einstigen Fischerdorfes Holm geht es geruhsam zu

boote um die Wette. Einzigartig ist der *Dorffriedhof* mit einer kleinen Kapelle in seiner Mitte, wie ein Marktplatz von Häusern eingefasst. Seit 1650 kümmert sich hier die Totengilde *Holmer Beliebung* um ihre verstorbenen Mitglieder.

Ausflüge

Im Süden von Schleswig, an einem Kreuzungspunkt alter Handelswege, legten die Wikinger vor mehr als 1000 Jahren ihren Stützpunkt **Haithabu** an. Den Ringwall der befestigten Siedlung kann man noch heute erklimmen. Das TOP TIPP **Wikinger Museum Haithabu** 10 (B 76 nach Eckernförde, Tel. 6 21/81 32 22, www.schloss-gottorf.de, April–Okt. tgl. 9–17, Nov.–März Di–So 10–16 Uhr) umfasst sieben Ausstellungshallen, die wie kieloben liegende Boote am Ufer des *Haddebyer Noor* gruppiert sind. Es informiert umfassend über die Lebensweise der rauen Seefahrer und schlauen Händler. Eine Wikingersiedlung mit rekonstruierten Häusern gibt zudem Einblick in Alltagsleben und Baugeschick der sagenumwobenen Nordmänner.

Etwa 4 km südlich von Haithabu, bei **Danewerk**, kann man die Reste der gleichnamigen, teilweise aus Backstein gefertigten, bis zu 8 m hohen Wallbefestigung ausmachen. Sie sicherte eine 17 km breite

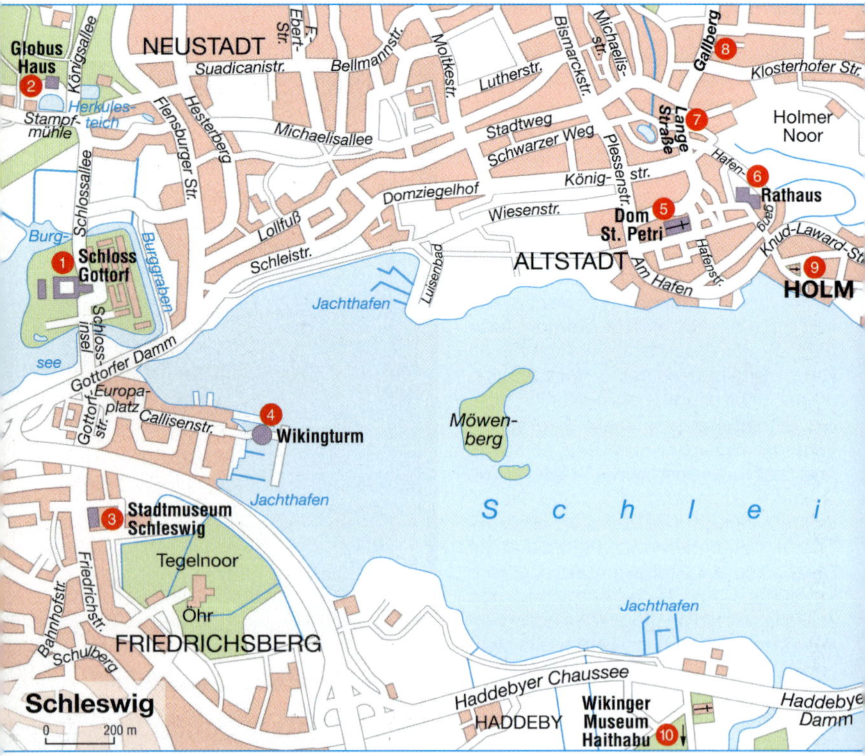

Mit solch niedrigbordigen Schiffen gingen furchtlose Wikinger auf große Fahrt

Handelsmetropole der Wikinger

»König Sven setzte diesen Stein für Skarthi, seinen Gefolgsmann, der nach Westen gefahren war, aber nun bei **Haithabu** starb«, heißt es in Runenschrift auf einem Stein nahe Haddeby. Jene Wikingersiedlung, als ›Siedlung auf der Heide‹ seit dem 8. Jh. nachweisbar, war einst die wichtigste Handelsmetropole des Nordens. Bis zu 2000 Menschen lebten um das Jahr 1000 hier, am Ende der 42 km langen Schlei, damals ein Kreuzungspunkt von Handeswegen. 1985 eröffnet, präsentiert sich das Museum Haithabu seit 2010 völlig neu: Archäologische Forschungsergebnisse und Funde (wie Werkzeug, Münzen, Schmuck, Kleidung) werden, ergänzt um neueste Rekonstruktionen, mittels innovativer Medien erklärt. So ist das Leben der Nordleute vor 1000 Jahren gut nachvollziehbar – vom Fischfang über Raubzüge und Handelsexpeditionen bis zu frühmittelalterlichem Hafenleben, wie es die Schiffshalle veranschaulicht. Stromlinienförmige **Langschiffe** wie auch bauchige **Handelskähne** bezeugen die kulturhistorische Leistung dieses Volkes..

Dokumente von Gewicht: Runensteine in Haithabu

Landenge zwischen der Schlei und den sumpfigen Flussniederungen der Rheider Au im Westen. Schon im 8. Jh. ließ der dänische *König Göttrik*, der Haithabu zu einem wichtigen Handelsplatz ausgebaut hatte, einen ersten Erdwall gegen die Expansionsbestrebungen des Frankenreiches aufwerfen. Das **Danevirke Museum** (Ochsenweg 5, Tel. 04621/37814, www.dannewerk.de, April–Okt. Di–Fr 9–17, Sa/So 10–17, Nov., März Di–So 10–16 Uhr, Dez.–Febr. geschl.) vermittelt einen umfassenden Überblick über Geschichte und Überreste dieser altnordischen Verteidigungsanlage.

i Praktische Hinweise

Information

Touristinformation, Plessenstr. 7, Schleswig, Tel. 04621/850056, www.ostseefjordschlei.de

Hotels

******Waldschlösschen**, Kolonnenweg 152, Schleswig, Tel. 04621/3830, www.hotel-waldschloesschen.de. Komforthotel, das mit dem empfehlenswerten Restaurant Olearius einen weiteren Trumpf ausspielt.

*****Strandhalle**, Strandweg 2, Schleswig, Tel. 04621/9090, www.hotel-strandhalle.de. Gepflegtes Hotel am Schleiufer mit netter Gartenterrasse.

Restaurant

Ringelnatz, Lollfuß 3, Schleswig, Tel. 04621/29999, www.restaurant-ringelnatz.de. Gemütliches Restaurant mit köstlichem Fisch aus Ostsee und Schlei, wunderschöner Biergarten im Innenhof (So geschl.).

Odins Historisches Gasthaus, Haddebyer Chaussee 13, Busdorf, Tel. 4621/850500. Ambitionierte Landhausküche, ganz in der Nähe von Haithabu, mit traumhaftem Blick auf die Schlei.

25 Arnis, Kappeln und Maasholm

Verträumte Fischerdörfer am malerischen Fjord, einer Tochter der Ostsee.

Wie ein Fluss schlängelt sich die im Schnitt nicht mehr als 4 m tiefe **Schlei** von der Ostsee 40 km durch eine hügelige Landschaft bis nach Schleswig. Die Ufer der lang gezogenen Meeresbucht sind gesäumt von Schilfgürteln, Wiesen, vereinzelten Badebuchten und kleinen Fischerdörfern. Die schmalste Stelle, bei Missunde, misst 135 m, kurz vor Schleswig erweitert sich die Schlei auf eine Breite von 4 km. Fähren bei Arnis und Missunde, die Klappbrücke bei Kappeln und die kuriose Klappbrücke bei Lindau, die Fußgänger, Autos und Eisenbahn bei gegenseitiger Rücksichtnahme gemeinsam nutzen, queren das Gewässer und führen vom Land Angeln im Norden zur Halbinsel Schwansen im Süden.

Arnis, 5 km westlich von Kappeln am Nordufer der Schlei gelegen, ist die kleinste Stadt Deutschlands. 62 Familien aus Kappeln, die sich geweigert hatten, dem Gutsherren Detlev von Rumohr den Huldigungseid der Leibeigenen zu schwören, gründeten 1667 mit Billigung des *Herzogs Christian Albrecht von Gottorf* auf der Insel eine freie Siedlung. Arnis, inzwischen längst mit dem Nordufer verbunden, kommt mit einer einzigen *Langen Straße* aus, an der die mit Rosen geschmückten Wohnhäuser der heute 350 Einwohner liegen. *Utluche*, erkerartige Vorbauten, ermöglichen den Blick auf die Straße und die eigenen, häufig kunstvoll gestalteten Haustüren.

Der Name von **Kappeln** geht auf eine romanische Seemannskapelle zurück, deren Platz inzwischen die spätbarocke, mit einem großartigen Schnitzaltar (1641) von *Hans Gudewerdt d. J.* geschmückte Kirche **St. Nikolai** eingenommen hat. Ein *Heringszaun* von 1482 aus geflochtenen Weidenreusen demonstriert Fangmethoden aus einer Zeit, als die silbernen Fische noch in großen Schwärmen die Schlei bevölkerten und auf ihrem Weg zu den Laichplätzen hier vorbeizogen. Bei den sommerlichen **Kappelner Heringstagen** (www.kappelner-heringstage.de) werden Netze gespannt und Wetten darauf abgeschlossen, wie viele Fische später in den Kochtöpfen landen. Im **Hafen** sind restaurierte Fischerboote, Frachtsegler und Dampfer vertäut, das **Schleimuseum** (Mittelstr. 7, Tel. 04642/1428, www.schleimuseum.de, April–Okt. Di–Sa 10–12.30 und 13.30–17 Uhr, Nov.–März auf Anfrage) erzählt die Geschichte der Seefahrt und des Fischfangs an Schlei und Ostsee. Wahrzeichen des Städtchens ist die 30 m hohe **Holländer-Windmühle Amanda** aus dem Jahr 1888, die das Fremdenverkehrsbüro beherbergt. Das angeschlossene *historische Sägewerk*

Seit 2002 prägt die Schlei-Klappbrücke Kappelns Hafenbild

(Tel. 046 42/92 01 02, Mai–Okt So–Do 9–12 und 13–17, Nov.–April Mo–Do 9–12 und 13–15 Uhr) mit alten Maschinen kann bestaunt werden. Im Sommer schnauft bisweilen ein Museumszug der *Angelner Dampfeisenbahn* (Tel. 046 31/20 95, www.angelner-dampfeisenbahn.de) ins 11 km entfernte Süderbrarup.

Der kleine Fischerort **Maasholm** an der Schleimündung bietet im Sportboothafen 450 Liegeplätze und ist zudem Liegeplatz des Seenotrettungskreuzers *Nis Randers*. Surfer schätzen die konstanten Winde. Beliebt sind aber auch Kutterfahrten auf der Ostsee, etwa mit Fredi Bruhns roten Schiffen (Tel. 046 42/60 62, www.ferien-in-maasholm.de). Die Landzunge vor Maasholm wird durch Anschwemmungen immer länger. Im Frühjahr können Gäste bei einer Deichwanderung zum **Naturerlebniszentrum Maasholm-Oehe-Schleimünde** (Tel. 046 42 92 16 80, www.nez-maasholm.de, Infozentrum Mai–Okt. tgl. 10–18 Uhr) auf der Lotseninsel Seevögel beobachten.

Südlich der Schleimündung, ganz in der Nähe, verheißen **Weidefelder Strand** und **Schönhagen**, beliebte Ostseebäder alle beide, ungetrübte Badefreuden.

Praktische Hinweise

Information

Tourist-Information Kappeln, Schleswiger Str. 1, Kappeln, Tel. 046 42/40 27, www.kappeln.de

Tourist-Information Schleidörfer, Königstr. 3, Süderbrarup, Tel. 046 41/20 47, www.ostseefjordschlei.de

Camping

Campingplatz Wees, An der Wees 16, Missunde, Tel. 043 54/984 30, www.campingplatz-missunde.de. In Terrassen angelegtes Gelände am Südufer der Schlei.

Hotels

******Stadt Kappeln**, Schmiedestr. 36, Kappeln, Tel. 046 42/40 21, www.hotel-stadt-kappeln.de. Freundliches Hotel mit Spezialitätenrestaurant *Brick* und Wellnessbereich.

*****Aurora**, Rathausmarkt 6, Kappeln, Tel. 046 42/40 88, www.aurora-kappeln.de. ›Landarzt‹-Atmosphäre, Fischspezialitäten und Sommerterrasse.

Restaurants

Altes Fährhaus, Dorfstr. 47, Fahrdorf, Tel. 046 21/322 66, www.altesfaehrhaus fahrdorf.de. Köstliche ›Küstlichkeiten‹ am Südufer der Schlei.

Fährhaus Arnis, Lange Str. 21, Arnis, Tel. 046 42/30 50. Üppige Portionen fangfrischen Fisches (Do geschl.).

Strandhalle, Strandweg 125, Arnis, Tel. 046 42/41 70, www.watenphul.de. Nachmittags Kuchen, abends Fisch, immer mit Blick auf die Schlei (Di geschl.).

Kiel und Mittelholstein – Segelboote und Herrenhäuser

Zwischen Nord- und Ostsee zieht sich der **Geestrücken** von Nord nach Süd durch Schleswig-Holstein, eine in der letzten Eiszeit entstandene, hügelige Erhebung. Güst, also unfruchtbar und öde, wurde das einst Land genannt, allerdings blieb der flache Höhenzug von Sturmfluten verschont und bot sich daher als sichere Passage für Reisende an. In **Rendsburg**, um **Neumünster** und bei **Bad Segeberg** standen schon im 1. Jahrtausend wehrhafte *Burgen*, die dem Schutz der Transportwege dienten. Einen Ansturm anderer Art erfuhr die **Ostseeküste**, an der zwischen Eckernförder Bucht und Kieler Förde schon im frühen 19. Jh. erste **Badeorte** wie *Borby* entstanden, gefolgt von Seebädern und modernen Freizeitanlagen, wie z. B. dem Ostseebad **Damp**. Einen Kontrast zum Strandleben bildet **Kiel**, das nach dem Zweiten Weltkrieg Schleswig-Holsteins Landeshauptstadt wurde und heute als weltoffenes politisches und wirtschaftliches Zentrum des Landes gilt. Und nicht zuletzt genießt man hier, was das Meer zu bieten hat – vor allem die **Kieler Woche**, die berühmte Segelregatta. In Ostholstein wiederum, etwa auf der Halbinsel *Schwansen* oder im *Dänischen Wohld*, sind die meisten der knapp 150 noch gebliebenen **Herrenhäuser** des Landes zu finden, deren Anfänge mitunter bis auf das 12. Jh. zurückgehen.

26 Eckernförde

Geruhsames Ostseebad mit Tradition, wahre Heimat der Kieler Sprotten.

Ein breiter Sandstrand säumt die tief eingekerbte **Eckernförder Bucht** und zieht sich an ihrem südlichen Ufer fast 4 km lang bis zu einem Leuchtturm. Dieser steht im Scheitelpunkt der Bucht, am Rande des **Hafenbeckens**, in dem Fischkutter im Wasser schaukeln. Daneben führt eine hölzerne *Klappbrücke* über den alten Fischereihafen nach Norden zum Stadtteil **Borby**. Dort steht auf einem Hügel seit rund 800 Jahren eine romanische **Feldsteinkirche**. Ihr niedriger Turm freilich wurde erst Ende des 19. Jh. errichtet. Aus der Erbauungszeit blieb im Inneren ein reich verzierter *Taufstein* aus Kalkstein erhalten, aus dem Jahr 1686 stammt der geschnitzte *Altar*.

Die gemütliche Kleinstadt Eckernförde breitet sich auf einer Landbrücke aus, die den See *Windebyer Noor* im Westen von

An Damps Strand kriegt manch ein Badegast schneller einen Korb, als ihm vielleicht lieb ist ▷

der Ostsee trennt. Wahrscheinlich rührt ihr Name von Ritter Nikolaus de Ekerenvorde her, dessen *Ykernaeburgh* (Eichhörnchenburg) gegen Ende des 12. Jh. in Aufzeichnungen erwähnt wird. Doch eigentlich sollte die Stadt kein Eichhörnchen, sondern einen Hering im Wappen führen, denn Fischfang und -verarbeitung bestimmen hier seit Jahrhunderten das Leben. Sogar die **Echten Kieler Sprotten**, goldgelb geräucherte Heringsfische von knapp 15 cm Länge, kommen aus Eckernförde. Weil sie jedoch über Kiel nach Skandinavien verschifft wurden, erhielten sie ihren irreführenden Namen. Kenner verspeisen die Ostsee-Delikatesse mit Kopf und Gräten, eine Kunst, deren Beherrschung bei den *Eckernförder Sprottentagen* im Sommer mit einem Diplom geehrt wird.

An jedem 1. Sonntag im Monat verwandeln sich die Kais am Hafen in einen quirligen **Fischmarkt**. Fischer verkaufen ihren Fang direkt vom Kutter. Nicht weit südlich davon überragt der markante, zylinderförmig aus rotem Backstein gemauerte **Getreidespeicher** seit 1931 das Markttreiben rund um die frische Meeresbeute. Lebendige Expemlare findet man im **Ostsee Info-Center Eckernförde** (Jungfernstieg 110, Tel. 043 51/72 62 66, www.ostseeinfocenter.de, April–Okt. tgl. 10–18, Nov.–März 11–17 Uhr). Neben zahlreichen Aquarien bieten interaktiv konzipierte Stationen Einblick in Fauna und Flora der Ostsee. Am Fühlbecken können die Besucher Strandkrabbe, Seestern und Co. sogar berühren. Einen Spaziergang über den Grund der Eckernförder Bucht simuliert der Erlebnistunnel.

Zwischen Hafen, Strandpromenade und Reeperbahn liegt die **Altstadt** mit kopfsteingepflasterten Straßen. In ihrer nördlichen Hälfte steht das *Alte Rathaus*, ein zweigeschossiger Backsteinbau aus dem 15. Jh., in dem das **Museum Eckernförde** (Rathausmarkt 8, Tel. 043 51/71 25 47, www.eckernfoerde.net/museum, Mai–Okt. Di–Sa 10–12.30 und 14.30–17, So 11–17, Nov.–April Di–Sa 14.30–17, So 11–17 Uhr) untergebracht ist. Es dokumentiert die Geschichte der Stadt und zeigt Wechselausstellungen meist einheimischer Künstler. Die dreischiffige, spätgotische Kirche **St. Nicolai** gleich daneben wurde seit ihrer Errichtung im 13. Jh. bis zur Mitte des 18. Jh. mehrfach umgebaut und erweitert. Der 1640 von Hans Gudewerdt d. J. geschnitzte *Altar* gilt als Musterbeispiel des niederdeutschen Knorpelbarock.

Ein Spaziergang von der Altstadt aus entlang des Stadtstrandes führt nach et-

wa 1,5 km zum **OstseeWellenBad Eckernförde** (Preußer Str. 1, Tel. 04351/905400, www.meerwasser-wellenbad.de, Mo–Do 6-21, Fr 6–20, Sa/So 9–18 Uhr), das Badespaß bei jeder Wetterlage garantiert.

Ausflüge

Die Halbinsel nördlich von Eckernförde bis zur Schlei nennt man **Schwansen**. Hier reihen sich zahlreiche Herrenhäuser aneinander wie Perlen an einer Kette. Einige sind nach wie vor Mittelpunkt landwirtschaftlicher Großbetriebe mit bis zu 2000 ha Grundfläche. Eine landschaftlich schöne Strecke führt von Eckerförde an der Bucht entlang nach **Damp**. Bei Karlsminde passiert man ein mächtiges *Megalithgrab*, bevor man **Gut Damp** (Besichtigung nicht möglich) erreicht. Der auf einer künstlichen Flussinsel errichtete Renaissancebau wird seit Ende des 16. Jh. von der Familie Reventlow bewohnt.

In der Nähe präsentiert sich das **Ostseebad Damp** höchst einladend – etwa mit der überdachten Badelandschaft *Aqua Tropicana* (Tel. 04352/801111, Öffnungszeiten ferienbedingt variabel) sowie ausgedehnten Hotel-, Apartment-, Sport- und Rehabilitationsanlagen. Zu den Höhepunkten des hiesigen Veranstaltungskalenders gehört ein internationales **Drachenfest**, das am letzten Septemberwochenende rund 100000 Zuschauer an den Strand lockt.

Südlich von Eckernförde wartet **Gut Altenhof** (www.gutaltenhof.de, Tel. 04351/6666477), ein Herrenhaus von 1728, mit einem idyllisch in die Parklandschaft eingebetteten 18-Loch Golfplatz auf.

Grabanlage der Jungsteinzeit bei Karlsminde

i Praktische Hinweise

Information

Eckernförde Touristik, Am Exer 1, Eckernförde, Tel. 04351/71790, www.ostseebad-eckernfoerde.de

Schiff

Hochsee-Fischkutter M/S Simone R., Fischerstr. 2, Langholz, Tel. 04532/2187, www.hochseeangeln-eckernfoerde.de. Angeltrips, tgl. 7 Uhr ab dem Eckernförder Fischereihafen.

Camping

Familie Heide, Strandweg 31, Klein Waabs, Tel. 04352/2530, www.waabs.de. Komfortabler Platz am Strand mit Hallenbad und Tauchschule.

Hotels

***Seelust, Preußerstr. 3, Eckernförde, Tel. 04351/72790, www.seelust-hotel.de. Hotel garni am Kurstrand mit herrlichem Ostseeblick.

Damp Touristik, Seeuferweg 10, Damp, Tel. 04352/80666, www.damp-urlaub.de. Hotel- und Apartmentanlage am Strand mit Restaurants, Cafés, Diskothek, Bade- und Sportlandschaft sowie Rehaklinik.

Restaurants

Kiekut, Kiekut 1, Altenhof, Tel. 04351/41310, www.restaurant-kiekut.de.Landgasthof mit Blick auf die Eckernförder Bucht, im Sommer lockt ein hübscher Biergarten (Di geschl.).

Ratskeller, Am Rathausmarkt 8, Eckernförde, Tel. 04351/2412, www.ratskeller-eckernförde.de. Spezialitäten des gutbürgerlichen Restaurants sind Fisch- und Wildgerichte.

Schlie-Krog, Dorfstr. 19, Sieseby, Tel. 04352/2531, www.schliekrog-sieseby.de. In vielfältigen Variationen kommt köstlicher Fisch auf den Tisch (Mo geschl.).

27 Dänischer Wohld

Vom undurchdringlichen Urwald zum Badeparadies: Gute Aussichten für einen entspannten Urlaub.

Denschewolt (altdän. dänischer Wald) nannte man die dicht bewachsene Halbinsel zwischen Kieler Förde und Eckernförder Bucht. Erst im 13. Jh. wurden die Wälder gerodet und Felder angelegt. Die später eingerichteten großen Landgüter

mit Herrenhäusern prägen noch heute die Landschaft.

Die kleine Gemeinde **Gettorf** liegt im Mittelpunkt des Dänischen Wohlds. Der *Tierpark* (Süderstr. 33, Tel. 04346/41600, www.tierparkgettorf.de, April–Okt. tgl. 9–18 Uhr, Nov.–März 10–16 Uhr) lockt mit Affen, Kängurus, Nasenbären und allerlei tropischen Vögeln sowie mit einem Streichel- und Spielbereich. Gleichfalls sehenswert ist die Kirche **St. Jürgen** (13. Jh.). Ihr kunstvoll geschnitzter *Marienaltar* stammt aus dem frühen 16. Jh., die *Kanzel* von 1598 ist ein Hauptwerk des Schnitzers Hans Gudewerdt d. Ä.

Der Küstenabschnitt nördlich von Gettorf trägt den Namen **Schwedeneck**. Hier ragt ein spektakuläres Steilufer fast 30 m auf, die Hochfläche lädt mit lichten Buchenwäldern zu ausgedehnten Spaziergängen ein. An der Südküste ziehen sich kilometerweit feinsandige und kiesige Strände hin, die Badelustigen ebenso wie Sonnenanbetern reichlich Platz bieten. Belebter ist die Szenerie in **Strande**, nahe Kiel-Schilksee, einem Ort mit ausgezeichneten Bademöglichkeiten und großem Jachthafen.

i Praktische Hinweise

Information

Fremdenverkehrsverein Dänischer Wohld-Gettorf, Alte Dorfstr. 15, Tüttendorf, Tel. 04346/3520, www.fvv-gettorf.de

Im Jachthafen von Damp kann man den Tag gänzlich entspannt ausklingen lassen

Hotels

*****Strandhotel**, Strandstr. 21, Strande, Tel. 04349/91790, www.strandhotel.de. Maritimes Ambiente im Hotel mit Blick auf die Kieler Außenförde.

****Landhaus Hammerich**, Hauptstr. 3, Osdorf (3 km östlich von Gettorf), Tel. 04346/412822, www.landhaus-hammerich.de. Gemütlicher Landgasthof mit modernen Zimmern.

28 Kiel

Deutschlands nördlichste Landeshauptstadt zeigt Charme und maritimes Flair.

Im Sommer bieten die bunten Segel der Sportboote auf der **Kieler Förde** einen schönen Anblick. Die Ostsee ist Kiels Lebenselixier und Schicksal. Die geografische Lage der Stadt am Endpunkt der 18 km tief ins Land eingeschnittenen Förde hat ihren Aufstieg zu relativer Bedeutung (mit 234000 Einw.) begünstigt, war aber auch Ursache für verheerende Zerstörungen während des letzten Krieges.

Geschichte 1242 ließ der Schauenburger Graf Adolf IV. auf der flutsicheren Anhöhe über dem Fördeufer die *Holstenstat*

tom Kyle errichten und verlieh ihr das Stadtrecht. Die Siedlung stand zeitweise unter direkter Herrschaft der reichen Hansestadt Lübeck. Die Verleihung des Münzrechts im Jahre 1318 förderte ihre Entwicklung zu einem wichtigen Finanzplatz. Aus dem **Kieler Umschlag**, seit 1482 wichtigster Termin im Jahr, um Finanzgeschäfte abzuwickeln, ging ein dreitägiges *Volksfest* hervor. Es zieht alljährlich am letzten Wochenende im Februar zahlreiche Besucher von nah und fern an (www.kieler-umschlag.de).

1665 begründete Herzog Christian Albrecht in Kiel die erste **Universität** des Landes. Nachdem ein Spross des führenden Hauses Schleswig-Gottorf in den St. Petersburger Zarenhof eingeheiratet hatte, wurde die Lokalpolitik im 18. Jh. kurzzeitig von *Katharina der Großen* mitbestimmt. Wenige Jahre nach der Übernahme Schleswig-Holsteins durch die Preußen (1867) wurde Kiels bisher eher unbedeutender Marinehafen zum **Reichskriegshafen** ausgebaut. In dieser Zeit entstanden zahlreiche Werften und Kiel blühte wirtschaftlich auf. Auch der 1895 vollendete **Kaiser-Wilhelm-Kanal**, der Brunsbüttel an der Elbmündung mit der Fördestadt verband, trug zu dem Erfolg bei. Dramatisch war der **Kieler Matrosenaufstand** von 1918. Die Weigerung der Marinesoldaten, gegen Ende des verlorenen Krieges noch einmal auszulaufen, leitete die *Novemberrevolution* ein und führte schließlich zum Ende des wilhemischen Kaiserreiches.

Während des Zweiten Weltkrieges war die Stadt Standort von Kriegsmarine und Rüstungsfabriken und wurde im Frühjahr 1943 durch massive alliierte **Luftangriffe** fast völlig zerstört. Für weitere Schlagzeilen sorgte Ende der 1980er-Jahre die unrühmliche **Bespitzelungsaffäre** während des schleswig-holsteinischen Landtagswahlkampfs, in die der damalige Ministerpräsident Uwe Barschel (CDU) und sein Kontrahent Björn Engholm (SPD) verwickelt waren.

Wie ein Phoenix – das Zentrum

Zweckmäßigkeit, nicht Schönheit, hieß nach 1945 das Gebot der Stunde beim **Wiederaufbau** der zerstörten Stadt. Es blieben nur wenige historische Bauten erhalten und nur wenige Passagen haben heute wie die Dänische Straße Charakter und Charme. Andererseits ist Kiel verschwenderisch begrünt und mehr als 120 Skulpturen beleben das Ambiente.

Kiels **Zentrum** lässt sich recht gut schlendernd erkunden, eine *Fußgängerzone* zieht sich entlang der Förde – von der Einkaufspassage *Sophienhof* (www.sophienhof.de) gegenüber dem Hauptbahnhof über die Holstenstraße bis zum Schloss. Empfehlenswert ist auch eine Rundfahrt auf der Förde. Die Schiffe der *Schlepp- und Fährgesellschaft Kiel* fahren an der *Bahnhofsbrücke* gegenüber dem

Elefantentreffen der anderen Art – im Kieler Hafen sind die großen Pötte unter sich

Adolf Brütts ›Schwertträger‹ auf dem Platz vor der Oper – im Hintergrund der Rathausturm

Bahnhof ab. Fußgänger und Radfahrer können hier über die 1997 erbaute *Hörnbrücke*, eine Konstruktion vom Typ der so genannten Dreifeldzugklappbrücke, an das andere Ufer gelangen.

Das Stahlgerüst der **Sparkassen-Arena** 1 (Europaplatz 1, Tel. 04 31/98 21 00, www.sparkassen-arena-kiel.de) gehörte während des Krieges zu einem Flugzeughangar auf Sylt, wurde dort zu Beginn der 1950er-Jahre demontiert und an neuer Stelle wieder aufgebaut. Heute ist das mehrmals umgestaltete Gebäude Konzert- und Sporthalle. Unweit davon erhebt sich das um 1911 erbaute **Rathaus** 2 mit seinem 106 m hohen Turm, der dem Campanile von San Marco in Venedig nachempfunden wurde. Das um drei Innenhöfe gruppierte Gebäude enthält 400 Büros und Sitzungssäle. Einige, wie z. B. das im Jugendstil gehaltene *Ratsherrenzimmer*, kann man im Rahmen einer *Führung* (Tel. 04 31/67 91 00, Mai–Sept. Mi und Sa 12.30 Uhr, für Gruppen nach Anmeldung) mit Turmfahrt besichtigen.

Unweit des Rathausplatzes markiert in der Küterstr. 27 eine Plakette das **Geburtshaus von Max Planck** 3 (1858–1947). Dieser große Naturwissenschaftler lehrte Ende des 19. Jh. an der hiesigen Universität und wurde 1918 für die Formulierung der Quantentheorie mit dem Nobelpreis für Physik geehrt. Vom Mitte des 13. Jh. erbauten **Franziskanerkloster** 4 (Falckstr. 9, www.kielerkloster.de) im Herzen der Altstadt sind allein der Westflügel des Kreuzganges und das Refektorium erhalten. Eine Grabplatte erinnert an den Stadtgründer Graf Adolf IV., der 1261 hier als Mönch starb. Die Kirche **St. Nikolai** 5 (www.st-nikolai-kiel.de) am Alten Markt, mit ihrem achteckigen Spitzhelm Wahrzeichen von Kiel, erhielt nach dem Krieg eine moderne Hülle aus Backstein. Teile des gotischen Kreuzrippengewölbes sind original, ebenso die *Bronzetaufe* (Mitte 14. Jh.) und die *Kanzel* von 1705. Vor der Kirche erhebt seit 1954 Ernst Barlachs *Geistkämpfer* das Schwert, ein bronzener Engel auf dem Rücken eines wolfsähnlichen Dämons.

Von Schloss, Kunst und Meer

Auch wer sich nur kurz in der Stadt aufhält, sollte das **Schifffahrtsmuseum** 6 (Wall 65, Tel. 04 31/901 34 28, Mitte April–Mitte Okt. tgl. 10–18, Mitte Okt.–Mitte April Di–So 10–17 Uhr) in einer ehem. Fischhalle an der Förde besuchen. Es präsentiert Schiffsmodelle vom Wikingerboot bis zum Kanonenschiff, dazu Dokumente, alte Stiche, Logbücher und nautische Instrumente. Am Kai des benachbarten **Museumshafens** 7 können von Mitte

April bis Mitte Okt. drei Oldtimerschiffe – Tonnenleger, Feuerlöschboot und Seenotrettungskreuzer – besichtigt werden.

Das ursprüngliche, im 16. Jh. auf einem Hügel errichtete **Kieler Schloss** 8 (Dänische Str. 44, Tel. 04 31/99 07 10, www.kielerschloss.de) brannte bei einem Bombenangriff 1944 aus; an seiner Stelle steht ein fünfstöckiger *Neubau* (1959–69), der als Veranstaltungszentrum dient.

Kiellinie und bald darauf **Hindenburgufer** heißt die herrliche Promenade, die von hier am Westufer der Förde entlangführt. Die nahe gelegene moderne **Kunsthalle zu Kiel** 9 (Düsternbrooker Weg 1, Tel. 04 31/880 57 56, www.kunsthalle-kiel.de, Di–So 10–18, Mi bis 20 Uhr) beeindruckt mit ihrer erlesenen Sammlung, die u. a. Werke von Johan C. C. Dahl, Max Liebermann, Ernst Ludwig Kirchner und Emil Nolde enthält. Weitere Glanzlichter setzen Plastiken von Ernst Barlach, Hans Arp und Joseph Beuys. Zudem präsentiert die in der Kunsthalle beheimatete *Antikensammlung* (www.antikensammlung-kiel.de) Abgüsse griechischer und römischer Skulpturen sowie Tongefäße.

Einen Schwerpunkt des **Zoologischen Museums** 10 (Hegewischstraße 3, Tel. 04 31/880 51 70, www.uni-kiel.de/zoologisches-museum, Di–Sa 10–17, So 10–13 Uhr) der Christian-Albrechts-Universität zu

Kiel bilden die größten Säugetiere der Erde, die Wale. Gezeigt wird das 13 m lange Skelett eines jungen Blauwals. Im selben, von Martin Gropius entworfenen Gebäude ist auch die Südseeabteilung des **Museums für Völkerkunde** (Tel. 0431/880 50 01, www.uni-kiel.de/voelkerkunde, Di–Sa 10–17, So 10–13 Uhr) untergebracht. Beide Sammlungen zeigen Kunst und Kunsthandwerkliches (einschließlich Kuriositäten) aus fernen Ländern, die Kieler Seeleute ab dem 19. Jh. mitbrachten.

Vorbei am herrlichen *Alten Botanischen Garten* von 1669 gelangt man zur Universitätsbrücke, an der die Forschungsschiffe des **Leibniz-Instituts für Meereswissenschaften** festmachen, sofern sie sich nicht gerade auf einem der sieben Weltmeere befinden. Das **Aquarium** ⑪ (Düsternbrooker Weg 20, Tel. 0431/600 16 37, www.aquarium-kiel.de, April–Sept. tgl. 9–19, Okt.–März tgl. 9–17 Uhr) des Instituts mit seinen Seehunden im Außengehege wird gern von jung und alt besucht.

Weiter im Norden analysiert das *Institut für Weltwirtschaft* (www.ifw-kiel.de) globale ökonomische Zusammenhänge, in unmittelbarer Nachbarschaft zum **KYC** ⑫ (Hindenburgufer 70, Tel. 0431/850 21, www.kyc.de), dem *Kieler Yacht Club*, der aus dem *Kaiserlichen Yacht Club* hervorging und als Klubhaus eine Villa des 19. Jh. nutzt. Die vom KYC und der Stadt Kiel seit mehr als 100 Jahren veranstaltete **Kieler Woche** (www.kieler-woche.de) ist das Segelgroßereignis Nordeuropas und festlicher Höhepunkt der Sommersaison. Die beeindruckenden Regatten werden seit langem in der Nähe des *Olympiahafens* von 1972 in Kiel-Schilksee an der Außenförde gestartet.

Nördlich des Seebades Düsternbrook (www.seebad-duesternbrook.de) sowie des Sporthafens Wik und kurz vor der Holtenauer Schleuse am viel befahrenen Nord-Ostsee-Kanal liegen **Kriegsschiffe** der Bundesmarine in dem nach dem kaiserlichen Großadmiral Alfred von Tirpitz benannten Hafenbecken. Hier hat auch das Segelschulschiff *Gorch Fock* (www.esys.org/gofo) seinen Liegeplatz, wenn es z. B. während der Kieler Woche seinen Heimathafen anläuft. Mächtige Schiffe anderer Art, *dicke Pötte*, werden im Stadtgebiet von Kiel am Ostufer der Förde gebaut und überholt. Hier dominieren in Ufernähe die ausgedehnten Anlagen der **Howaldtswerke-Deutsche Werft** (HDW), im Norden begrenzt durch die Mündung der Schwentine.

Shoppen, schauen und verschnaufen – im Sophienhof ist für alle etwas drin

Welttreffen der Segler

Am 23. Juli 1882 war es so weit. Der Kieler Marineingenieur Saefkow hatte mit einigen Hamburger Kaufleuten geeignete Sponsoren gefunden, um die erste **Segelregatta** mit 20 Jachten in der Kieler Bucht zu veranstalten. Prinz Heinrich von Hohenzollern verfolgte das maritime Ereignis von Bord des eigenen Schiffes aus. Heute werden zu dem sommerlichen Segelgroßereignis, der **Kieler Woche** (www.kieler-woche.de), 5000 Segler aus mehr als 30 Nationen erwartet. Auch Landratten können die Regatten an Bord von Kuttern, Fährschiffen oder alten Seglern verfolgen, die dann vor der Bucht kreuzen. Das **kulturelle Rahmenprogramm** mit Konzerten, Ballettveranstaltungen, wissenschaftlichen Tagungen etc. kann sich sehen lassen, Höhepunkt bleibt jedoch die große **Windjammer-Parade** mit mehr als 100 Schiffen, Viermastern und anderen Großseglern, in der Förde.

TOP TIPP

Die Kieler Woche – berühmte Segelregatta mit buntem Rahmenprogramm

Ausflüge

72 markante Meter hoch misst er: Am östlichen Ufer der Außenförde erhebt sich vis-à-vis des Olympiahafens Schilksee der 1927–36 errichtete, dem Bug eines historischen Wikingerschiffes nachempfundene Turm des **Marine-Ehrenmals Laboe** (Strandstr. 92, Tel. 04343/427062, www.deutscher-marinebund.de, April–Okt. tgl 9.30–18, Nov.–März tgl. 9.30–16.30 Uhr, letzter Einlass 1 Std. vor Schließung). Das Monument gemahnt an gefallene Matrosen aller Nationen. Von seiner *Aussichtsplattform* geht der Blick weit über Förde und Ostsee hinweg hinunter zum Strand des beliebten **Ostseebades Laboe** (www.laboe.de). Vor dem Turm lädt das U-Boot *U-995* aus dem Zweiten Weltkrieg als technisches Museum zur Besichtigung (gleiche Öffnungszeiten).

Das Ehrenmal von Laboe – Gedenken an die Opfer der zur See ausgetragenen Kämpfe

Lohnend ist auch ein Ausflug zu dem 10 km südlich von Kiel gelegenen **Schleswig-Holsteinischen Freilichtmuseum** (Hamburger Landstr. 97, Tel. 0431/659660, www.freilichtmuseum-sh.de, April–Okt. tgl. 9–18, Nov.–März So 11–16 Uhr) in Molfsee. Seit 1961 wurden hier über 70 historische Gebäude aus allen Landesteilen wieder aufgebaut, um den Besuchern den Lebensalltag vergangener Zeiten nahezubringen. Man sieht alte Katen, Mühlen, ein Hallighaus sowie eine Apotheke, zudem allerei Mobiliar, Spielzeug und landwirtschaftliches Gerät. Schmiede, Töpfer und Korbmacher demonstrieren in historischer Kulisse ihr handwerkliches Geschick.

Praktische Hinweise

Information

Tourist Information Kiel, Andreas-Gayk-Str. 31, Kiel, Tel. 04 31/67 91 00, www.kiel-tourist.de, www.kiel.de

Schiff

Color Line, Norwegenkai, Kiel, Tel. 04 31/730 03 00, www.colorline.de. Fahrten tgl. nach Oslo/Norwegen.

Schlepp- und Fährgesellschaft Kiel, Kaistr. 51, Kiel, Tel. 04 31/594 12 66, www.sfk-kiel.de. Die Schiffe steuern Anlegestellen an beiden Fördeufern an.

Stena Line, Schwedenkai, Kiel, Tel. 018 05/ 91 66 66(0,14 €/Min.), www.stenaline.de. Fahrten tgl. nach Göteborg/Schweden.

Theater

Opernhaus Kiel, Rathausplatz 4, Kiel, Ticket-Tel. 04 31/901 39 10, www.theater-kiel.de

Schauspielhaus Kiel, Holtenauer Straße 103, Kiel, Ticket-Tel. 04 31/901 39 10, www.theater-kiel.de

Hotels

******Romantik Hotel Kieler Kaufmann**, Niemannsweg 102, Kiel, Tel. 04 31/881 10, www.kieler-kaufmann.de. Stilvolles, efeubewachsenes Herrenhaus mit gutem Restaurant inmitten eines Parks.

*** **Nordic Hotel am Kieler Schloss**, Dänische Straße 12, Kiel, Tel. 4 31/534 16 20, www.nordic-hotels.com. Mittelklassehotel nahe dem Schifffahrtsmuseum.

Bruhn's Deichhotel, Dorfring 36, Stein, 2,5 km östlich von Laboe, Tel. 043 43/ 49 50, www.bruhns-deichhotel.de. Apartments, Sauna sowie ein Restaurant mit Probsteier Spezialitäten.

Restaurants

Der Bauch von Kiel, Legienstr. 16, Kiel, Tel. 04 31/512 15, www.derbauchvonkiel.de. Beliebtes Ecklokal mit Szenepublikum und leckeren Speisen.

Drahtenhof, Hamburger Landstr. 99, Molfsee, Tel. 04 31/65 08 89, www.drathenhof.de. Rustikales Lokal am Freilichtmuseum, u.a in einer Bauernstube des 18. Jh. Man serviert Traditionelles wie Holsteiner Schinkensuppe (Mo geschl.).

Fischers Fritz, Martenshofweg 8, Kiel, Tel. 04 31/533 14 35, www.hotel-birke.de. Im Hotel Birke; in offener Küche bereitet man vor allem köstlichen Fisch zu.

Lüneburg-Haus, Dänische Str. 22, Kiel, Tel. 04 31/982 60 00, www.lueneburghaus.de. Gehobene regionale Küche in gemütlichem Ambiente, mit Bistro (So geschl.).

September, Alte Lübecker Chaussee 27, Kiel, Tel. 04 31/68 06 10, www.september-kiel.de. Kulinarische Hochgenüsse heimischer Küche. Mit Wintergarten und Gartenterrasse (nur abends, So geschl.).

29 Rendsburg

Alte dänische Festung und Hauptstadt des Nord-Ostsee-Kanals.

Schon die mittelalterliche *Reinholdsburg* lag strategisch günstig am Kreuzungspunkt des nordsüdlichen Heer- und Ochsenweges mit der Ost-West-Passage auf der Eider. Die um sie entstandene Siedlung erhielt Mitte des 13. Jh. lübisches Stadtrecht, litt aber immer wieder unter Überfällen von Deutschen, Schweden und Dänen. Letztere errichteten im 16. Jh. **Neuwerk**, eine mächtige Festung.

Die Stadterkundung beginnt am zentralen, kopfsteingepflasterten **Neuwerker Paradeplatz** 1, von dem aus fünf Straßen strahlenförmig nach Süden führen. Zwischen Prinzen- und Königinstraße schimmert der von einer Zwiebelhaube bekrönte Turm der barocken **Christkirche** 2 (www.christkirche-rendsburg.de in warmem Backsteinrot. Im Innenraum des einschiffigen Gotteshauses fällt der

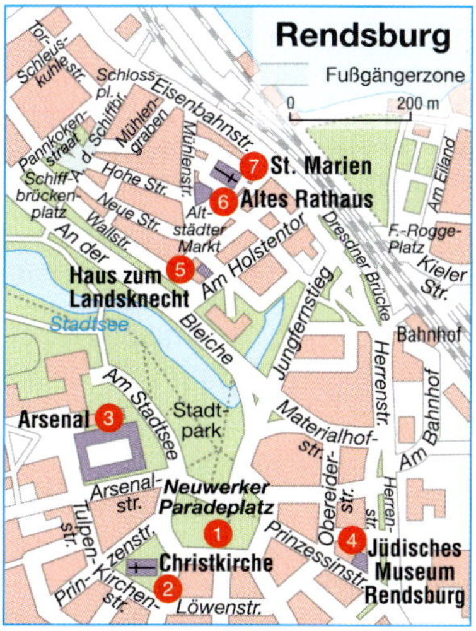

Bemerkenswert ist das offene Glockenspiel in den Giebeln des Alten Rathauses

reich verzierte *Schnitzaltar* (1662/63) von Johann Steinell auf. Auch die Anfang des 18. Jh. gebaute *Orgel* zeigt überschwängliche Barockschnitzereien.

Das 1697 nördlich der Kirche errichtete dreiflügelige **Arsenal** ③ der Garnison wurde um 1740 erweitert und 1988 durch einen Neubau mit Stahl und Glas ergänzt. Das Ensemble beherbergt heute das **Kulturzentrum** (Arsenalstr. 2–10, Tel. 04331/331336, Di–Fr 10–12 und 15–18, Sa/So 10–13 und 14–17 Uhr) Rendsburgs mit *Historischem Museum* und *Druckmuseum*. Ersteres widmet sich mittels Modellen und Urkunden der Stadtgeschichte und Schifffahrt, Letzteres stellt anschaulich die Geschichte der Druckkunst von den Anfängen Gutenbergs bis ins digitale Zeitalter dar. Im Osten des Paradeplatzes lohnt das **Jüdische Museum Rendsburg** ④ (Prinzessinstr. 7–8, Tel. 04331/25262, www.schloss-gottorf.de/jm, Di–So 12–17 Uhr) einen Besuch. Im Anfang der 1970er-Jahre restaurierten Dr.-Bamberger-Haus von 1844, der ehem. Synagoge, belegt es den Werdegang der jüdischen Gemeinde und zeigt Werke jüdischer Künstler wie Max Liebermann, Felix Nussbaum und Anita Rée.

Auf dem Jungfernstieg schlendert man am Stadtpark vorbei zur **Altstadt**. Bejahrte Fachwerkhäuser säumen die winkligen Gassen. In der Schleifmühlenstraße 2 etwa steht das giebelgeschmückte **Haus zum Landsknecht** ⑤ von 1541, auf dessen Fachwerkfassade zu lesen ist: *›Vredelik keret in – vroelik gaht ut‹* (*Friedlich kehrt ein – fröhlich geht 'raus*). Auch das **Alte Rathaus** ⑥ am Altstädter Markt zieht mit seinen Stufengiebeln und weißen Blendarkaden die Blicke auf sich. Eine Wappentafel trägt das Datum 1566, in seiner heutigen Form entstand das Rathaus jedoch erst Anfang des 20. Jh.

Die nahegelegene dreischiffige Kirche **St. Marien** ⑦ mit dem niedrigen Westturm geht auf eine Gründung des 13. Jh. zurück. Hinter ihren gegen Ende des 19. Jh. neugotisch veränderten Backsteinmauern verbergen sich erlesene Kostbarkeiten wie die prächtige *Bronzetaufe* aus dem 14. Jh. Aufwändig gestaltete *Grabmäler* (16.–18. Jh.) zieren die Hallenwände, die Gewölbe wurden im 14. Jh. mit Fresken ausgemalt. Der eigentliche Blickfang jedoch ist der spätmanieristische **Hauptaltar** von 1648/49. Figurengruppen und Reliefs flankieren auf fünf Ebenen biblische Szenen wie das Letzte Abendmahl oder die Wunder Moses beim Auszug der Israeliten aus Ägypten. Seitlich sind weitere Motive erkennbar – von der Opferung Isaaks über die Taufe Jesu Christi bis zu dessen Auferstehung.

Wer auf der Rader Autobahn-Hochbrücke über den Nord-Ostsee-Kanal fährt, kann die 68 m aufragende und den Schiffen eine lichte Höhe von 42 m einräumende **Eisenbahnhochbrücke** ausmachen. Sie wurde bei ihrer Einweihung 1913 zu Recht als technisches Meisterwerk gerühmt. Eine einzigartige *Schwebefähre* an der Unterseite der spektakulären Stahlkonstruktion transportiert noch heute Autos und Passagiere über den Kanal. Die *Eiserne Lady* genannte Brücke markiert auch das Ziel einer alljährlich Anfang Oktober stattfindenden internationalen Ruderegatta für Achter. Der Hanse Cup startet im 13 km entfernten Breiholz.

Praktische Hinweise

Information

Tourist-Information Nord-Ostsee-Kanal, Schiffbrücken Galerie, Rendsburg, Tel. 043 31/211 20, www.tinok.de, www.rendsburg.de

Schiff

Personenschifffahrt Rendsburg, Tel. 043 31/240 35, www.psrdg.de. Ausflugsfahrten auf der Eider und dem Nord-Ostsee-Kanal.

Hotels

***__Hansen__, Bismarckstr. 29, Rendsburg, Tel. 043 31/590 00, www.hotelhansen.de. Traditionelles Haus mit gutbürgerlichem Restaurant Bismarckstuben.

***__Pelli-Hof__, Materialhofstr. 1, Rendsburg, Tel. 043 31/222 16, www.pelli-hof.de. Der Stadtpalast von 1722 diente dem Festungsbaumeister Domenico Pelli als Domizil. Entsprechend stilvoll übernachtet man hier. Mit empfehlenswertem Restaurant Klöndeel.

30 Naturpark Westensee

TOP TIPP *Herrensitze und Ferienfreuden auf dem Lande um Mittelholsteins Seen.*

Den größten Teil jenes Areals, dessen drei Eckmarken die Städte Kiel, Rendsburg und Neumünster darstellen, nimmt der 250 km^2 große Naturpark Westensee ein. Ausgedehnte Mischwälder überziehen die von Gletschermoränen der letzten Eiszeit gestaltete, Hügellandschaft, die von zahlreichen Seen gesprenkelt wird. Mit 7 km^2 Fläche ist der namengebende, von der Eider gespeiste **Westensee** im Nordosten dieses Landschaftsschutzgebietes der größte von ihnen; kleinere Gewässer wie *Warder-*, *Brahm-*, *Borgdorfer* und *Pohlsee* schließen sich an. Die oft schilfbewachsenen Ufer bieten idyllische Badeplätze, ausgewiesene Bereiche sind den hier zahlreichen Vogelarten als Brutplätze vorbehalten.

Die abwechslungsreiche Region, mit Feldern und Weiden, Wäldern und Mooren, wird von 250 km markierten **Wanderwegen** durchzogen. Besonders schön ist

Stolze 140 m überspannt die Eisenbahnhochbrücke den Nord-Ostsee-Kanal

Entspannte Gäste auf noblem Rasen: Beim Musikfestival hat man's gut auf Gut Emkendorf

der Gang auf den 88 m hohen **Tüteberg** südlich des Dorfes Westensee. Oben trafen sich vor rund 2000 Jahren Germanen zum *Thing*, also zu Beratungen und Gerichtssitzungen.

Im Naturpark verteilen sich repräsentative Herrenhäuser. Zu den bekanntesten zählt **Gut Emkendorf** (Tel. 043 30/99 46 90, www.herrenhaus-emkendorf.de). Diese klassizistische Anlage zwischen Westensee und Rendsburg, entstanden 1789–1816 aus einem bescheideneren Vorgängerbau als Wohnsitz des *Grafen Fritz Reventlow* und seiner Frau Julia (geb. Schimmelmann), avancierte schon bald zu einem kulturellen Zentrum; namhafte Dichter, Denker und Staatsmänner trafen sich hier zu Gesprächszirkeln. Der eindrucksvolle Bau ist nach wie vor in Privatbesitz, steht aber wie zu hochherrschaftlichen Zeiten für Lesungen und Konzerte – u.a. des *Schleswig-Holstein Musik Festivals* – gelegentlich dem Publikum offen.

Praktische Hinweise

Information

Tourismusverein Nortorfer Land und Naturpark Westensee, Niedernstr. 6, Nortorf, Tel. 043 92/896 20, www.tourismus-naturpark-westensee.de

Restaurants

Beckmanns Gasthof, Dorfstr. 16, Achterwehr, Tel. 043 40/43 51, www.beckmanns-gasthof.de. Die Klassiker wie Karpfenklöße, Entenbrust oder Saueraal sind einen Abstecher wert (Mo, Di geschl.).

Zur Linde, Dorfstr. 6, Schierensee, Tel. 043 47/33 37, www.zur-linde-gasthaus.de. Gemütliches Gasthaus mit überwiegend regionalen Gerichten und Fisch aus eigener Zucht (Mo geschl.).

31 Neumünster

Verkehrsknotenpunkt mit Tradition am Rande eines idyllischen Naturparks.

Von Norden nach Süden trieben Bauern ihre Ochsen zum Viehmarkt nach Wedel, auf dem mittelalterlichen Handelsweg Lübsche Trade brachten Kaufleute ihre Waren von der Ost- zur Nordsee. Kein schlechter Ort für eine **Wehrburg** nebst Siedlung. Es war im Jahr 1127, als Erzbischof Adalbert von Bremen den Priester Vicelin beauftragte, die slawischen Wagrier, die in dieser Gegend ansässig waren, zum rechten Glauben zu bekehren. Um seine Missionsstation entstand bald ein Augustinerkloster, und gegen Ende des 12. Jh. nannte man die benachbarte Siedlung *Novum Monasterium* – Neumünster. Tuchmacher und Leder verarbeitende Handwerker fassten seit dem frühen 17. Jh. in dem regen Marktflecken

Fuß. Richtig bergauf ging es aber erst im 19. Jh., als sich Neumünster zu einem **Eisenbahnknotenpunkt** entwickelte. Noch heute streben sechs Eisenbahnstrecken sternförmig auf die Stadt zu.

Das historische Erscheinungsbild Neumünsters wurde im Zweiten Weltkrieg zerstört, erhalten sind nur einige Bürgerhäuser des 18./19. Jh. in der Altstadt. Die dunklen Zeiten überdauerte auch die klassizistische, 1834 aus gelbem Klinker erbaute **Vicelinkirche** südlich des Sees. Ihr massiger Viereckturm mit der kleinen Kuppel wurde zum Wahrzeichen der Stadt. Der dreischiffige Innenraum der Saalkirche ist schlicht, einen Blickfang stellt die im 16. Jh. entstandene *Kreuzigungsgruppe* dar.

Östlich der Kirche erstreckt sich **Großflecken**, der längliche Hauptplatz Neumünsters. Hier stehen mehrere Gebäude aus der Gründerzeit, z. B. das neugotische **Rathaus** (1898–1900) am Südende. Mit seinen Giebelchen und Aufsätzen wirkt der wuchtige, dreigeschossige Backsteinbau geradezu verspielt. Ein weiteres Bei-

Musik liegt in der Luft

In der Reetdachscheune von Gut Hasselburg bei Neustadt erfreuen sich Besucher an der gekonnten Darbietung der Ouvertüre zu Mozarts ›Le Nozze de Figaro‹. Auf dem Freigelände der Kieler HDW-Werft singt der Männerchor von Bayer-Leverkusen, begleitet von der Slowakischen Philharmonie, allerlei Opern-Ohrwürmer. Die harten Bänke der Nikolaikirche von Wyk auf Föhr sind dicht besetzt bei der Aufführung von Mendelssohns Streichquartett Nr. 3. Im Deutschen Haus zu Flensburg dirigiert **Justus Frantz** die Philharmonie der Nationen... Welche Fülle, welche Klänge! Just der 1944 geborene Frantz ist es auch gewesen, der im Jahr **1986** mit einer Gruppe Gleichgesinnter das erste Sommerfestival für klassische Musik in Schleswig-Holstein aus der Taufe hob – und es dank weltberühmter Musiker – von Leonard Bernstein bis Yehudi Menuhin – und ungewöhnlicher Spielstätten sofort zum Publikumserfolg machte. Jährlich strömen über 150 000 Besucher von Mitte Juli bis Ende August zum **Schleswig-Holstein Musik Festival** (Info: Palais Rantzau, Parade 1, Lübeck, Tel. 04 51/38 95 70, www.shmf.de) in Konzertsäle und Kirchen, Scheunen und Herrenhäuser. Hier ist alles Genuss: die Galakonzerte und Musikfeste auf dem Lande, die Abschlussabende der sommerlichen **Meisterkurse**, bei denen talentierte Studenten jeweils unter Leitung weltbekannter Größen arbeiten. Selbst die Proben der von Leonard Bernstein (1918–1990) gegründeten **Orchesterakademie**, die auf Schloss Salzau am Selenter See stattfinden, sind hochkarätig. Nach Festival- Ende geht es auf Welttournee.

TOP TIPP

Eine Scheune als Konzertsaal? Warum nicht, wenn Atmosphäre und Akustik stimmen

spiel fantasievoller Backsteinarchitektur liefert die reich mit Glasurziegeln, Simsen und Lisenen gegliederte Fassade der **Anscharkirche**. Sie wurde 1910–13 von Hans Ross in Jugendstilformen erbaut. Der *Offenbarungsaltar* von Otto Flath im Inneren stammt von 1951.

Wenig bekannt ist Neumünsters Verbindung zu Rudolf Dietzen, besser bekannt unter dem Pseudonym **Hans Fallada** (1893–1947). Der Sohn eines preußischen Reichsgerichtsrates lebte mehrere Jahre in Neumünster und verarbeitete seine Erfahrungen als Häftling im Gefängnis der Stadt, als Mitarbeiter des Verkehrsvereins und des lokalen **General-Anzeigers** später in Berlin in Romanen wie ›Bauern, Bonzen und Bomben‹ (1931) oder ›Wer einmal aus dem Blechnapf frisst‹ (1934). Die Stadt Neumünster vergibt alle zwei Jahre den *Hans-Fallada-Preis* an junge Autoren – für Literatur mit politisch-sozialem Hintergrund.

Ausflüge

Nur wenige Kilometer westlich von Neumünster erreicht man den Rand des 380 km^2 großen **Naturpark Aukrug**. Seine von Teichen aufgelockerte Landschaft mit Heide, Wiesen und Feldern zieht viele naturbegeisterte Urlauber an. Ein prachtvoller Anblick bietet sich, wenn im August die Erika in voller altrosa Blüte durch das Grün lichter Birkenwälder schimmert. Im **Heimatmuseum Dat ole Hus** (Tel. 04873/603, www.aukrug.de/dat_ole_hus.htm, Sa/So 14–18 Uhr) in Aukrug-Bünzen, einem historischen Fachhallenhaus, ist viel über das bäuerliche Leben im 18. und 19. Jh. zu erfahren.

i Praktische Hinweise

Information

Tourist-Information, Großflecken 34 a, Neumünster, Tel. 04321/43280, www.neumuenster.de

Tourismusbüro Naturpark Aukrug, Bargfelder Str. 10, Aukrug, Tel. 04873/99944, www.naturpark-aukrug.de

Hotel

*****Seelust**, Seelust 6, Hennstedt, Itzehoe, Tel. 04877/677, www.seelust.de. Landhotel mit ›Entspannungsgarantie‹ und vorzüglicher regionaler Küche.

Hotelchen am Teich, Am Teich 5–6, Neumünster, Tel. 04321/49040, www.pressekeller.de. Kleines Hotel mit komfortabler Ausstattung.

Restaurants

Schanze am See, Einfelder Schanze 96, Neumünster, Tel. 04321/440. In reetgedecktem historischem Haus wird ambitioniert aufgekocht. Gute Weinkarte.

Hof Bucken, Bucken 5, Aukrug, an der B 430, Tel. 04873/901112, www.hofbucken.de. Ausflugslokal im Naturpark mit guten Forellen- und Wildgerichten. Mit Hotel und Galerie.

32 Bad Segeberg

Unter Geiern im Llano Estacado – Ferienland rund um den Kalkberg.

Im Freilichttheater am Fuß des Kalkbergs fesseln seit 1952 jeden Sommer die **Karl-May-Spiele** (Ticket-Tel. 01805/952111, www.karl-may-spiele.de) mit Geschichten um die Helden Winnetou und Old Shatterhand Zehnttausende von Zuschauern. Einen herrlichen **Blick** auf Bad Segeberg, die Trave und eine sanfthügelige Seenlandschaft mit weitläufigen Wäldern wie dem **Segeberger Forst** hat man vom Gipfel des Kalkberges. Hier thronte im 12. Jh. die unter Kaiser Lothar III. errichtete *Siegesburg*, von der nur noch Brunnenreste im Felsinnern übrig sind. In der erst 1913 entdeckten **Kalkberghöhle** finden während der Wintermonate bis zu 20000

Allerhand über die Fledermaus erfährt der Besucher im Noctalis in Bad Segeberg

Winnetou und Old Shatterhand mussten einander begegnen – warum nicht in Bad Segeberg?

Fledermäuse Quartier. Führungen durch die Höhle bietet ganz in der Nähe die Erlebnisausstellung **Noctalis – Welt der Fledermäuse** an (Oberbergstraße 27, Tel. 045 51/80 82 11, www.noctalis.de, April–Sept. Mo–Fr 9–18, Sa/So 10–18 Uhr). Hier informiert man sich an interaktiven Spiel- und Lernstationen über die Lebensweise der fliegenden Nachtschwärmer. Im Noctarium sind hinter einer Glaswand etwa 100 Fledermäuse zu beobachten.

Die *Sole*, die Segeberg 1924 zum **Kurort** aufsteigen ließ, wird aus 150 m Tiefe nach oben gepumpt. Sie hilft zusammen mit der gesunden Luft bei Haut-, Bronchial- und Gelenkerkrankungen.

Im Zentrum lohnt einen Besuch **St. Marien**, die im 13. Jh. als Kirche einer Augustinerabtei entstand. Im dreischiffigen Innenraum ist der *Schnitzaltar* von 1515 mit Passionsreliefs und zentraler Kreuzigungsgruppe sehenswert, ebenso das Triumphkreuz (ca. 1500) und die säulengetragene Emporenkanzel (1612).

Im Norden der Stadt zeigt die **Städtische Kunsthalle Otto Flath** (Bismarckallee 5, Tel. 045 51/87 99 00, Di–So 14–18 Uhr) Skulpturen und Aquarelle des Holzbildhauers und Malers Otto Flath (1903–1987). Dessen einstige Wohn- und Arbeitsräume in der **Villa Flath** gleich nebenan werden für Wechselausstellungen, vor allem mit zeitgenössischer Kunst genutzt.

i Praktische Hinweise

Information

Tourist-Info Bad Segeberg, Oldesloer Str. 20, Bad Segeberg, Tel. 045 51/964 90, www.badsegeberg.de

Hotel

******Vitalia Seehotel**, Am Kurpark 3, Bad Segeberg, Tel. 045 51/80 28, www.segebergerkliniken.de/hotels/vitalia-seehotel. Zimmer und Apartments mit Seeblick sowie Wellness- und Beautyfarm.

Restaurants

Landhaus Schulze-Hamann, Segebergrer Str. 32, Blunk, 10 km nördlich von Bad Segeberg gelegen, Tel. 045 57/997 00, www.landhaus-schulze-hamann.de. Empfehlenswerte regionale Küche; mit Gartenplätzen.

Pronstorfer Krug, Lindenstr. 2, Pronstorf, Tel. 045 53/997 90, www.pronstorfer-krug.de. Rustikaler Landgasthof am Ostufer des Wardersees mit kreativen Menüs.

Holsteinische Schweiz und Umgebung – grüne Hügel, weiße Strände

Die sanft gewellte Bilderbuchlandschaft zwischen Kieler Förde und Lübecker Bucht gehört zu den beliebtesten **Urlaubsgebieten** Schleswig-Holsteins. Felder, von Hecken, den dicht belaubten *Knicks* begrenzt, wechseln ab mit wunderbaren *Buchenwäldern* und mehr als 200 Seen und Teichen. Dazwischen liegen sehenswerte Kleinstädte wie **Preetz** oder **Lütjenburg**, und immer wieder wecken stattliche Herrenhäuser wie **Gut Panker** die Neugier des Gastes. An der **Ostseeküste**, zwischen Schönberger und Weißenhäuser Strand, locken hellsandige Ufer und wildromantische Steilküste. Die Namensanspielung auf die 1000 km entfernte Berglandschaft geht übrigens auf die Idee eines Eutiner Hoteliers zurück, der seinen Gasthof 1885 werbewirksam **Hotel zur Holsteinischen Schweiz** nannte. Und wenn auch die Gegend südlich von Kiel nun wahrlich nicht mit imposant-Alpinem aufwarten kann: Deutschlands nördlichster Schlepplift ist doch auch schon etwas! Er erschließt übrigens den 168 m hohen **Bungsberg** bei Schönwalde.

Vor mehr als 1000 Jahren zog sich der durch Burgen gesicherte **Limes Saxoniae** zwischen der heutigen Kieler Förde und Hamburg hin. Der längst zerfallene Steinwall grenzte das Siedlungsgebiet der Sachsen und den Einflussbereich des Frankenreichs Karls des Großen im Westen gegen die slawischen *Abodriten* ab, die von der Ostseeinsel **Fehmarn** bis in das Gebiet des heutigen Mecklenburg hinein siedelten. Nach den aus dem Osten zugewanderten *Wagriern*, die ab dem 7. Jh. ihre Dörfer zwischen der Lübecker Bucht und der Mündung der Schwentine bei Kiel errichteten, heißt dieser Landstrich noch heute Wagrien.

33 Preetz

Von Klosterdamen und Schusterjungen.

Der Ortsname leitet sich von der wendischen Bezeichnung *po rece* ab, was ›am Fluss‹ bedeutet und sich auf die Lage der Siedlung bezieht, die bereits im 11. Jh. an einer Furt des Flüsschens Schwentine zwischen *Lanker-* und *Postsee* entstanden war. Bedeutung erlangte Preetz aber erst durch das um 1260 an seinem nordwestlichen Stadtrand errichtete **Benediktinerinnenkloster** (Klosterhof 5, Tel. 043 42/868 29, www.kloster-preetz.de). Der Konvent mit seinen kopfsteingepflasterten Straßen und den schmucken Wohnhäuschen ist eine Welt für sich. Hier lebten bis zur Reformation 70 Nonnen in kargen Zellen. Nach der großen Glaubensspaltung verwandelte man das Kloster in ein adeliges Damenstift, in dem bis zu 40 unverheiratete weibliche Abkömmlinger Damen schleswig-holsteinischer Ritterschaft standesgemäß in **Konventualinnenhäusern** residierten. In verschiedenen Baustilen, mal mit Fachwerk-, mal mit barocker Fassade, präsentieren sich diese im im Zeitraum vom 16.–19. Jh. rings um den Klosterhof entstandenen Wohnstätten. Die Anlage, seit jenen Zeiten in Privatbesitz, weist noch heute einige Häuser auf, die auf der Grundlage solch althergebrachter Rechte bewohnt werden.

TOP TIPP

Mittelpunkt des ausgedehnten Komplexes ist die 1325-40 erbaute dreischiffige **Klosterkirche**. Neben barocken und gotischen *Altären* – in der Apsis ein Meisterwerk des nordischen Knorpelstils, 1656 von Hans Gudewerdt d. J. aufwendig geschnitzt – sowie einer *Renaissancekanzel* gilt das gotische *Chorgestühl*, bemalt mit Szenen aus dem Alten und Neuen Testament, als ihr bedeutendstes Kunstwerk.

◁ *Behaglich, beschaulich, barock: Das Wasser von See und Gräben umrahmt Schloss Eutin*

Der riesige Landbesitz des Klosters erstreckte sich im Mittelalter nördlich von Preetz bis an die Ostseeküste. Die milde Gutsherrschaft förderte den allgemeinen Wohlstand, seit dem 14. Jh. florierten Handwerk und Gewerbe in der Region. Vor allem Schuhe und Stiefel aus Preetz genossen einen hervorragenden Ruf. Daran erinnert am zentralen Feldmannsplatz noch heute ein bronzener **Schusterjunge**, der ein Paar hochschaftige *Wadenstevelen* über seine linke Schulter geworfen hat. Ende Mai begeht man das **Schusterfest**, bei dem neben Demonstrationen traditioneller Handwerkstechniken auch das leibliche Wohl nicht zu kurz kommt.

Ausflug

10 km nordöstlich von Preetz liegt der **Selenter See** (www.selentersee.de), mit 2300 ha Wasserfläche nach dem Plöner See das zweitgrößte Binnengewässer Schleswig-Holsteins. Das Nordufer des Sees ist geschützt, andere Bereiche sind für Windsurfer und Segler ausgewiesen..

i Praktische Hinweise

Information

Tourist-Information, Kirchenstr. 9, Preetz, Tel. 04342/2207, www.preetz-tourismus.de

Auf Plöns Prinzeninsel verheißt das ›Niedersächsische Bauernhaus‹ Stärkung

Großer Auftriit – aus der Vogelperspektive wirkt Schloss Plön noch imposanter

Hotel und Restaurant

***Neeth, Preetzer Str. 1, Dammdorf, Tel. 043 42/823 74, www.neeth.de. Wohnliches Hotel unter grünem Ziegeldach. Das Restaurant bietet gute regionale Speisen in gemütlichem Ambiente.

34 Plön

Die einstige Residenz lockt Wassersportfans und Naturfreunde an.

Drei schiefergedeckte Zwiebeltürmchen, die imposante weiße Fassade – das *Plöner Schloss* beeindruckt schon aus der Ferne. Erst beim Näherkommen tauchen dann die Dächer des reizenden Städtchens selbst aus dem Grün der Baumwipfel auf. Entlang schmaler Gassen, hier *Twieten* genannt, drängen sich die historischen **Fachwerk- und Backsteinhäuser** auf einem schmalen, bizarr geformten Stückchen Land, das von einem halben Dutzend Seen beinahe vollständig umschlossen wird. Im Süden beispielsweise erstreckt sich der bis zu 60 m tiefe Große **Plöner See** (www.ploenersee-tourismus.de), mit 30 km^2 Ausdehnung das größte Binnengewässer des Bundeslandes. Er ist ein Paradies für Wassersportler und Badeurlauber. Aber auch die Angler kommen auf ihre Kosten – Maränen und Aale gibt es hier in großer Zahl und Qualität.

Nicht weniger als 20 Inseln liegen im See verstreut. Die größte von ihnen heißt **Olsborg**, ›Alte Burg‹, ein anderer Name für die hölzerne Festung *Plune*, in deren Schutz die Siedlung im 12./13. Jh. entstand. 1632 sah sich Plön sogar als Kapitale des kleinen Herzogtums Schleswig-Holstein-Sonderburg-Plön. Als angemessenen Herrschersitz ließ 1636 *Herzog Joachim* auf dem Bischofshügel das **Schloss Plön errichten** (Tel. 045 22/80 10, www.fielmann-akademie.com, Führungen nach telefonischer Voranmeldung Mi 19, 19.30, 20, 20.30, 21/Do, Sa/So 16.30, 17, 17.30, 18, 18.30 Uhr). Der im Stil der Spätrenaissance gehaltene Bau erlebte

TOP TIPP

Blickfang: der kostbare Fayenceofen im Vorzimmer der Herzoglichen Prunkräume

ab 1729, unter *Herzog Friedrich Carl,* seine Blütezeit. Mitte des 19. Jh. wählte Dänenkönig *Christian VIII.* das Plöner Schloss als Sommerresidenz. Die preußische Armee drillte in der Anlage ab 1868 ihre Kadetten. 1933–45 nutzte die NSDAP die Bauten als *Nationalpolitische Erziehungsanstalt.* Nach dem Krieg war es bis in die 1990er-Jahre hinein ein staatliches Internat. Nach umfassender Restaurierung schult seit dem Jahr 2006 die *Fielmann Akademie* in den Räumlichkeiten Optiker.

Der überwiegende Teil der im Schloss zu sehenden Möbel und Gemälde entstammt der Privatsammlung Günther Fielmanns. Im Ostflügel beeindrucken die rekonstruierten *Herzoglichen Prunkräume* des Landesherrn Friedrich Carl – mit schwelgerisch gestalteten Stuckdecken, kostbaren Seidentapeten und barockem Mobiliar. Im *Herzoglichen Alkovenzimmer,* dem Schlafzimmer mit Paradebett, empfing er nach französischem Hofzeremoniell ranghohe Besucher. Der reiche Bücherfundus der *Herzoglichen Bibliothek* wurde 1763 versteigert, befindet sich aber wieder im Aufbau. Im *Rittersaal* tagten tatsächlich nie Vasallen, er diente als Schauplatz rauschender Feste. Heute erstrahlt der Raum, den ein Tonnengewölbe bekrönt, in klassizistischer Nüchternheit. In der zweischiffigen *Herzoglichen Kapelle* sind neugotische Ausmalungen zu sehen, die 1897 unter *Kaiserin Auguste Victoria* erfolgten. Die Kirche dient mittlerweile als Veranstaltungsraum für Konzerte und Lesungen.

Westlich des Plöner Schlosses erhebt sich das **Prinzenhaus** (Tel. 045 22/509 50, www.prinzenhausploen.de., Führungen Mitte Jan.–April So 11.30, Mai–Sept. Mi 11.30, Sa/So 15, Okt.–Mitte Dez. So 11.30 Uhr), ein Rokokobau des 18. Jh. Hier, umgeben von einem englischen Park, residierten während ihrer Kadettenzeit von 1896–1910 die Söhne Kaiser Wilhelms II. An diese hohenzollerischen Sprösslinge erinnert übrigens auch die **Prinzeninsel** im Süden der Stadt, die noch heute der einstigen Herrscherfamilie Preußens gehört. Ein schöner Spaziergang führt über die waldreiche Halbinsel. Von ihrer Südspitze kann man den Weg zurück nach Plön per Schiff einplanen.

Am Fuß des Schlosshügels liegt der **Friedhof** mit der Ende des 17. Jh. als Fachwerkbau errichteten und von einem hölzernen Glockenturm bekrönte **Johanniskirche**. Hier wurden Schlossbedienstete bestattet, manche Grabinschrift gemahnt eindrucksvoll an lange Zurückliegendes.

Gegenüber beherbergt das klassizistische *Herzögliche Witwenpalais* mit dem hohen Walmdach das **Museum des Kreises Plön** (Johannisstr. 1, Tel. 045 22/74 43 91, www.kreismuseum-ploen.de, Mitte Mai –Sept. Di–So 10–12 und 14–17, Okt.–Mitte Mai Di–Sa 14–17 Uhr). Es führt in die Kunst der Glasbläser ein und zeigt darüber hinaus u.a. archäologische Fundstücke, die etwas zur Geschichte der Region aussagen. Die die Einrichtung der einst im Haus eingerichteten *Alten Apotheke* von 1842 trifft das Besucherinteresse.

Ausflüge

Östlich von Plön, wo der Große Plöner in den Höft- bzw. Behler See übergeht, stand bis ins 18. Jh. eine Zollstation mit dem sprechenden Namen **Fegetasche**. Heute lädt ein Fähranleger zu einer Bootsfahrt zur Prinzeninsel, nach Plön, Ascheberg oder Dersau ein (Infos s. u.).

Reizvoll ist auch ein Abstecher nach Süden ins rund 5 km entfernte **Bosau**. Der malerisch am Seeufer gelegene Luftkurort ist reich an Fachwerk- und Backsteinbauten aus dem 12.–19. Jh. Besonders stolz ist man auf die kleine romanische Kirche **St. Petri**, die 1152 aus Feldsteinen über dem Seeufer errichtet wurde. Das weiß verputzte Gotteshaus mit dem niedrigen Viereckturm ist eines der ältesten des Landes und zeigt im *Inneren* schöne gotische Wandmalereien und einen spätgotischen geschnitzten Flügelaltar. In dieser Kirche wirkten im 12. Jh. Missionsbischof Vicelin und Pfarrer Helmold von Bosau, der um 1167 die ›Chronica Slavorum‹ (Slawenchronik) verfasste.

Praktische Hinweise

Information

Tourist-Info Plön, Bahnhofstr. 5, Plön, Tel. 045 22/509 50, www.touristinfo-ploen.de

Schiff

Plöner Motorschifffahrt, Fegetasche-Strandweg, Plön, Tel. 045 22/67 66, www.grosseploenersee-rundfahrt.de. Große Rundfahrt auf dem Plöner See.

Camping

Naturcamping Spitzenort, Ascheberger Str. 76, Plön, Tel. 045 22/27 69, www.spitzenort.de. Schattiges Wiesengelände am Großen Plöner See mit schönen Badeplätzen und Sporthalle.

Hotels

******Seehotel Dreiklang**, Plöner Chaussee 21, Ascheberg, Tel. 045 26/339 00, www.seehotel-dreiklang.de. Modernes, komfortabel eingerichtetes Haus am See mit Restaurant *Seeteufel*.

*****Stolz**, Markt 24, Plön, Tel. 045 22/503 20, www.hotel-restaurant-stolz.de. Apart eingerichtete Zimmer mit Seeblick. Norddeutsche Küche.

Restaurants

Alte Kate, Eutiner Str. 8, Plön, Tel. 045 22/98 59. In Nachfolge der bewährten Fischerkate solide Fisch- und Fleischgerichte, (Di geschl.)

Niedersächsisches Bauernhaus, Prinzeninsel, Plön, Tel. 045 22/50 87 00, www.niedersaechsisches-bauernhaus.de. Deftiges serviert man in dem rustikalem Lokal nahe der Südspitze der Halbinsel (Mo geschl.).

35 Bad Malente-Gremsmühlen

Kalte Güsse von Pfarrer Kneipp.

Das früher Gremsau genannte Flüsschen *Schwentine* verbindet Keller- und Dieksee und grenzte lange Zeit die beiden Orte Malente und Gremsmühlen voneinander ab. An ihrem Lauf wird schon 1280 eine bischöfliche mit Schankrechten ausgestattete Wassermühle, die **Gremsauer Mühle**, erwähnt. Mittlerweile sind die beiden Siedlungen Malente und Gremsmühlen zu einem **Doppelort** zusammengewachsen, in dessen Umgebung lichte Buchenwälder und mehr als ein Dutzend Seen zu erholsamen Wanderungen und anregendem Wassersport einladen. Die Landschaft scheint sportlichen Unternehmungsgeist zu beflügeln, immerhin unterhält der DFB in Malente eine **Sportschule** für Fußballstars und solche, die es werden wollen.

Mit großem Interesse nahm man Anfang des 20. Jh. in Malente die Lehren des *Pfarrers Sebastian Kneipp* (1821–1897). Er vertraute auf die Heilkraft des Wassers, das seiner Lehre gemäß mit verschiedenen Anwendungen – von Güssen und Wechselbädern bis zu barfüßigem Tautreten – die Selbstheilungs- und Abwehrkräfte des Körpers aktivieren soll. Seit 1955 darf sich Malente-Gremsmühlen offiziell **Kneippbad** nennen. 1996 avancierte es gar zum **Heilklimatischen Kurort**, dessen gepflegte Uferpromenade und 6 ha großer Kurpark zum Flanieren einladen.

In der Sebastian-Kneipp-Straße gibt das **Heimatmuseum** (Ostern–Okt. Di–So 14–17 Uhr) in der 1634 erbauten, reetgedeckten *Tewskate* mit originalen Einrichtungsgegenständen und Gerätschaften einen Einblick in die Lebensbedingungen vor 300 Jahren. Bis Ende der 1960er-Jahre hing in der schornsteinlosen Hütte noch allerlei Schweinernes im Rauch schwelender Buchenspäne, um hier ganz allmählich zu schmackhaftem *Holsteiner Katen-*

schinken bzw. zu nicht minder delikater *Rauchmettwurst* zu reifen.

Praktische Hinweise

Information

Tourismus-Service, Bahnhofstr. 3, Bad Malente-Gremsmühlen, Tel. 045 23/989 90, www.bad-malente.de

Schiff

5-Seen-Fahrt, Bahnhofstr. 5, Bad Malente-Gremsmühlen, Tel. 045 23/22 01, www.5-seen-fahrt.de. Schnupperfahrt auf einer Handvoll pächtiger Seen.

Hotels

***__Precise Dieksee__, Diekseepromenade 13–15, Bad Malente-Gremsmühlen, Tel. 045 23/99 50, www.precisehotels.com. Komfort-Anlage, mit Wellnessbereich.

**__Hof Neversfelde__, Grebiner Weg 6a, Neversfelde, ca. 2 km nordwestlich von Bad Malente-Gremsmühlen, Tel. 045 23/ 43 58, www.hofneversfelde.de. Urlaub auf dem Bauernhof in angenehmen, günstigen Ferienwohnungen.

Restaurants

Gremsmühle, Eutiner Str. 1, Bad Malente-Gremsmühlen, Tel. 045 23/24 25. Internationale Küche mit mediterranem Akzent, serviert in historischer Schänke.

Weißer Hof, Voßstr. 45, Bad Malente-Gremsmühlen, Tel. 045 23/992 50, www.weisserhof.de. Restaurant zum Hotel, Holsteiner Küche; gute Weinkarte.

Uklei Fährhaus, Eutiner Str. 7–9, Sielbek, , Tel. 045 21/24 58, www.uklei-faehrhaus.de. Ausflugslokal am Ukleisee, es gibt Kuchen und Holsteiner Gerichte. Zimmer vorhanden (Dez./Jan. geschl.).

36 Eutin

Einst Musenhof und Fürstenresidenz am Seeufer der Rosenstadt.

Im Spätsommer und Herbst blühen die Rosenstöcke vor den alten Backstein- und Fachwerkfassaden in der Stolbergstraße, in den gepflegten Gartenanlagen des Seeparks oder den Vorgärten vieler Wohnhäuser. Zu Recht trägt Eutin seinen Ehrennamen *Rosenstadt*, zumal es sich sogar einer eigenen Art, der **Eutin Floribunda**, rühmen kann.

Daran dachten die slawischen Wenden wohl noch nicht, als sie im 11. Jh. auf der heutigen Fasaneninsel im Großen Eutiner See die Festung *Utin* anlegten. Nachdem Graf Adolf II. von Schauenburg die Region erobert hatte, machten angeworbene Friesen 1152 das Land urbar. Ihre Siedlung auf der schmalen Landbrücke zwischen **Großem** und **Kleinem Eutiner See** erhielt 1257 das Stadtrecht. Um 1300 bewogen Auseinandersetzungen mit der hanseatischen Bürgerschaft den Lübe-

Repräsentative Bauten wie das Rathaus (links) umgeben den Marktplatz von Eutin

Fürstliche Freude an aristokratischem Grün hat heute jedermann im Eutiner Schlossgarten

cker Bischof, nach Eutin umzusiedeln. Obgleich sich die Reformation im Jahr 1577 durchgesetzt hatte, blieb das Städtchen **fürstbischöfliche Residenz**.

Nachdem 1689 ein Brand beinahe die gesamte Bausubstanz zerstört hatte, gestaltete *Rudolf Matthias Dallin* 1717–27 das **Eutiner Schloss** (Tel. 04521/70950, www.schloss-eutin.de, Besichtigung nur mit Führung) weitgehend neu und in barocker Pracht. Es liegt sehr prominent auf einer in den Großen Eutiner See hineinragenden Landspitze und ist überdies von einem breiten Hausgraben umgeben. Der mächtige dreigeschossige Backsteinbau besteht aus vier Flügeln, die einen schlichten Innenhof umschließen. Die *Schlosskapelle* birgt eine kostbare, 1693 von Arp Schnitger konstruierte Orgel. Man kann das Wunderwerk im **Südflügel** des Fürstensitzes bewundern, dessen wertvolle Deckengemälde, Wandbespannungen und Möbel Bewunderung verdienen. Etwas ganz Besonderes sind hier sieben bis ins Detail naturgetreu gearbeitete *Schiffsmodelle*, die einst dem russischen Zaren Peter dem Großen gehört haben. Auf dessen kaiserlichen Werften bauten Zimmerleute im 17./18. Jh. Schiffe nach diesen Modellen.

Zur Stadt hin erstreckt sich der **Schlossplatz**, gesäumt von hübschen weißen Wirtschaftsgebäuden aus dem 18./19. Jh. Eine Sammlung kostbarer Bücher und Drucke kann im westlich des Platzes gelegenen **Kavaliershaus**, das die *Eutiner Landesbibliothek* (www.lb-eutin.de) beherbergt, eingesehen werden. Das **Ostholstein Museum** im ehemaligen Marstall (Schlossplatz 1, Tel. 04521/788520, www.oh-museum.de, April–Sept. Di–Fr 10–13 und 14–17, Sa, So 10–17.30, Okt.–Jan., März Di–Fr 15–17, Sa, So 11–17 Uhr) präsentiert Gemälde und Stiche des 18. Jh., u.a mit Stadtansichten Eutins, sowie noch manch weiteres Schauobjekt, das mit vielen anderen die Entwicklung dieses Landesteils veranschaulicht.

Eine prächtige Lindenallee führt vom Schlossplatz am Seeufer entlang zum **Schlossgarten**. Ursprünglich rein barock, wurde dieser Ende des 18. Jh. zu einem englischen Landschaftspark umgestaltet – mit Tempelchen und Orangerie. 1770 stellte Fürstbischof Friedrich August den Gelehrten *Johann Gottfried Herder* als Erzieher des Prinzen Peter Friedrich ein. Damit begann eine Zeit, in der sich der Ruf Eutins als **Musenhof**, als *Weimar des Nordens*, begründete. Bald trat Graf Friedrich Leopold zu Stolberg als Diplomat in den Dienst des Fürsten, 1782–1802 leitete der Dichter Johann Heinrich Voß die hiesige Gelehrtenschule und übertrug Homers *Odyssee* ins Deutsche. Der Universalgelehrte Wilhelm von Humboldt, die Dichter Friedrich Gottlieb Klopstock und Matthias Claudius hielten sich zeitweilig ebenso wie der Theologe Johann Kaspar Lavater in Eutin auf; der Maler Johann Heinrich Wilhelm Tischbein wirkte hier als Hofmaler. Der berühmteste Sohn der Stadt, **Carl Maria von Weber**, wurde zwar 1786 hier geboren, verließ Eutin aber mit seinem Vater Eutin bereits im zarten Alter von sechs Monaten. Als bekannter Komponist kehrte er noch zweimal zu umjubelten Konzerten zurück. Seit 1951 werden im Sommer zu Ehren des 1826 in London verstorbenen Künstlers auf der Freiluftbühne im Schlosspark die **Eutiner Festspiele** (Am Schlossgarten 7, Ticket-Tel. 045 21/800 10, www.eutiner-festspiele.de) mit Opernaufführungen zelebriert.

Westlich unterhalb des Schlosses liegt die pittoreske **Altstadt** mit ihren kopfsteingepflasterten Gassen und dem lhübschen **Marktplatz**, den Gebäude der Barockzeit säumen. Das 1786–87 entstandene ehem. *Herzogliche Witwenpalais* erkennt man an seinem dreigeteilten Mittelrisalit, ihm gegenüber liegt das klassizistische **Rathaus**, das Ende des 18. Jh. errichtet wurde. Die jenseitige Ecke des Marktplatzes nimmt ein schmuckes rotbraunes Fachwerkhaus von 1638 ein, dahinter erhebt sich der wuchtige, 67 m hohe Westturm der Kirche **St. Michaelis**. Die Backsteinbasilika wurde schon ab dem 13. Jh. errichtet, stammt in ihrer heutigen dreischiffigen Form aber aus dem 14./15. Jh. Zur prachtvollen Ausstattung der einstigen Bischofskirche gehören ein 2 m hoher, siebenarmiger Bronzeleuchter aus dem 15. Jh. und die geschnitzte Figur *Maria auf der Mondsichel* von 1322 im südlichen Kapellenanbau, die als Hängelicht dient. Ein Meisterwerk ist auch die Mitte des 17. Jh. entstandene *Kanzel* in der Mitte des Seitenschiffes.

Ausflüge

Die Gewässer um Eutin laden zum Baden ein, **Wanderwege** führen an ihren Ufern entlang, etwa durch den Seeschaarwald am Nordufer des Großen Eutiner Sees. Um einen Überblick über die Holsteinische Schweiz zu gewinnen, sollte man *Schönwalde*, 12 km östlich von Eutin, aufsuchen. Das Städtchen liegt zu Füßen des **Bungsbergs**, dem mit 168 m höchsten Gipfel des nördlichsten Bundeslandes. Er wird bekrönt von dem 23 m hohen, runden *Elisabethturm* aus Granit (1864) sowie von einem modernen *Fernsehturm* (53 m), zu dessen **Aussichtsplattform** in 40 m Höhe 199 Stufen hinaufführen. Von oben genießt man einen herrlichen Blick über die umliegende grüne Hügellandschaft.

i Praktische Hinweise

Information

Tourist-Info, Markt 19, Eutin,
Tel. 045 21/709 70, www.eutin.de

Da hat die Seele gut baumeln: sommerliche Szene am Kellersee bei Eutin

Klassizistisch-nüchtern, doch nicht ohne heitere Note zeigt sich Schloss Salzau

Schiff

Eutiner Seerundfahrt, Parkweg 12, Eutin, Tel. 04521/3344, www.eutiner-seerundfahrt.de

Boote Keusen, Sielbecker Landstr. 17, Eutin-Fissau, Tel. 04521/4201, www.boote-keusen.de. Per Boot kann man auf der Schwentine bis nach Kiel paddeln.

Camping

Naturcamping Prinzenholz, Prinzenholzweg 20, Eutin, Tel. 04521/5281, www.nc-prinzenholz.de. Schöner, in Terrassen angelegter Platz direkt am See – mit Sandstrand.

Hotel

SeeSchloss Albert-Mahlstedt-Str. 6, Eutin, Tel. 04521/8580441, www.daskleinehotel-eutin.de. Gemütlich und stilvoll eingerichtete Zimmer.

Restaurants

Brauhaus Eutin, Am Markt 11, Eutin, Tel. 04521/766777, www.brauhaus-eutin.de. Zum Wohlsein: In Bierstube und -garten kann man den süffigen Gerstensaft der Lokalbrauerei genießen.

Fissauer Fährhaus, Leonard-Boldt-Str. 8, Eutin-Fissau, Tel. 04521/2383. Fisch- und Wildspezialitäten am Anleger mit herrlichem Seeblick.

37 Probstei

Schöne Küsten – mal steil, mal sandig – und malerisches Hinterland.

Die ehemals zum Kloster Preetz gehörenden Ländereien zwischen Schönberg und Lütjenburg fasst man unter der Bezeichnung Probstei zusammen. Den hier zahlreichen herrschaftlichen Landsitzen verdankt die Region ihren Namen Grafenwinkel. Das spätklassizistische **Schloss Salzau** (Tel. 04303/180, www.kulturzentrum-salzau.de), das 1881 am Selenter See 8 km südöstlich von Schönberg errichtet wurde, hat sich als bevorzugter Aufführungsort des *Schleswig-Holstein Musik Festivals* einen Namen gemacht. Schließungspläne der Landesregierung führten im Sommer 2010 zu viel beachteten Protestaktionen der Festival-Akteure.

Schönberg selbst zeigt ein hübsches Stadtbild, es wurde nach einem verheerenden Brand Ende des 18. Jh. neu erbaut. Der trutzige backsteinerne **Kirchturm** mit Zwiebeldach überragt die meist zweistöckigen Häuser. Ein besonders schönes, reetgedecktes Exemplar aus dem 16. Jh. beherbergt das **Probstei Museum** (Ostseestraße 8–10, Tel. 04344/3174, www.probstei-museum.de, Mitte Mai–Okt. Di–So 14–17, Do auch 10–12, Mitte März–Mitte Mai, Nov. So 14–17 Uhr). Hier zeigt man bäuerliche Trachten, Töpferwaren und Intarsienarbeiten. Außerdem informiert die Sammlung des Hauses über die Mühsal bäuerlicher Haus- und Hofwirtschaft in früheren Jahrhunderten.

Von Schönberg sind es nur 4 km zur Ostseeküste, an der sich weite, sanft geschwungene Sandbuchten mit kiesigen Abschnitten und ockerfarbenen Steilküsten abwechseln. Man kann sie in einer Stunde zu Fuß erreichen. Eine Viertelstunde dauert es mit dem Triebwagen der **Museumseisenbahn** (Am Schierbek 1, Schönberg, Tel. 04344/2323, www.vvm-museumsbahn.de) aus dem frühen 20. Jh., die jedes Wochenende zwischen Ende Mai und Anfang September zum **Schönberger Strand** fährt. Dieser ist lang und feinsandig, und viel Trubel herrscht im Sommer. Im benachbarten **Holm**, einem geschäftigen Ferienzentrum mit vielfältigem Unterhaltungsangebot, Solebad und Apartmenttürmen, spürt man die Nähe zur Stadt Kiel. Nur wenig weiter im Osten warten kleine Seebäder, die sinnige Namen wie **Brasilien** und **Kalifornien** tragen, mit feinen Sandstränden auf.

Am östlichen Rand der Probstei liegt, 7 km von der Ostsee entfernt, das kleine **Lütjenburg**. Im Stadtbild fällt die wuchtige, einschiffige Backsteinkirche **St. Michaelis** (Tel. 04381/4396, Führungen Mitte Juni–Mitte Sept. Sa 10.30 Uhr) auf, ein spätromanisches Gotteshaus aus dem frühen 13. Jh. Im Innern beeindruckt neben dem *Schnitzaltar* von 1467 am nachhaltigsten das steinerne Renaissance-Grabmal Graf Ottos von Reventlow-Wittenberg, das Robert Coppen 1608 schuf und mit überlebensgroßen Figuren versah – sie stellen den vor dem Kreuz knienden Edelmann mitsamt seiner Ehefraun und der Kinder dar.

Wo mit dem Drachen auch die Urlaubsstimmung steigt, liegt der Schönberger Strand

Das Zentrum des bereits im 12. Jh. gegründeten Lütjenburg bildet der von Backstein- und Fachwerkhäusern gerahmte **Markt**. Die meisten Gebäude wurden nach dem Stadtbrand von 1826 errichtet. Eine Ausnahme bildet das **Färberhaus** von 1576, dessen fantasievolle Fachwerkfassade mit bunt bemaltem Türsturz man beim Brunnen an der Ecke zur Gasse *Kurze Twiete* bewundern kann.

Am Nordrand von Lütjenburg lohnt ein Besuch der **Turmhügelburg** (Tel. 04381/918847, www.turmhuegelburg.de, ganzjährig geöffnet, Führungen Mai–Sept. Mi, Sa 14, So 15 Uhr, sonst auf Anfrage). An der Vergangenheit Interessierte kommen hier auf ihre Kosten: Nach historischen Quellen und Plänen ist hier ein mittelalterliches Wehrdorf (aus der Zeit um 1250) rekonstruiert worden – mit Wohn- und Stallbau, Ritterhaus, Schmiede, Kornspeicher und Kapelle.

Nur 4 km nördlich liegt das weiße, dreiflügelige Herrenhaus von **Gut Panker** (www.gutpanker.de) in einem parkähnlichen Garten, der (anders als der Rest der Anlage) frei zugänglich ist. Zwischen Blumenrabatten, barocken Statuen und über Rasenflächen blickt man auf Wasserflächen. Ein Spaziergang führt auch an Pferdekoppeln vorbei, auf denen die hier gezüchteten Trakehner grasen.

Eine landschaftlich sehr schöne Nebenstrecke führt von Lütjenburg durch Buchen- und Eichenwälder zu dem 7 km entfernten Ostseebad **Hohwacht**. Der einladende Kies- und Sandstrand wird überragt von Dünen, die westlich in eine romantische, oben bewaldete Steilküste übergehen. Nach Osten setzt sich die sandige Küste gute 3 km bis zu dem Ort **Sehlendorfer Strand** fort. Auch der weitere Verlauf der lang gestreckten *Hohwachter Bucht* ist abwechslungsreich: Auf steile, felsige Abschnitte, mit herrlichen Buchen bestanden, folgen immer wieder Dünen und feiner Sandstrand. Zwischen einem breiten bewachsenen Dünengürtel und dem Wesseker See liegt der **Ferienpark Weißenhäuser Strand** (s. S. 99).

Satte Farben, klare Kontraste und Konturen: das Landschaftstableau der Hohwachter Bucht

Die trotz ihrer großzügigen Dimensionierung (4000 Betten!) überschaubare Anlage – mit Hotel, Apartments, zahlreichen Spiel- und Sportangeboten und tropischer Badelandschaft – ist ein Ferienparadies für Familien.

Praktische Hinweise

Information

Tourismusverband Probstei, Knüll 4, Schönberg, Tel. 043 44/30 61 63, www.probstei.de

Hohwachter Bucht Touristik, Berliner Platz 1, Hohwacht, Tel. 043 81/905 50, www.hohwacht.de

Camping

Camping-Ferienpark California, Große Heide 26, Schönberg, Tel. 043 44/95 91, www.camping-california.de. Durch einen Deich vom Sandstrand getrenntes Wiesengelände. Ferienprogramm für Kinder sowie Sportangebote.

Triangel, Weißenhäuser Strand, Tel. 043 61/50 78 90, www.campingplatz-triangel.de. Baumgesäumtes Gelände am Dünengürtel, dahinter ein 3 km langer, feiner Sandstrand.

Hotels

****Hohe Wacht**, Ostseering 5, Am Kurpark, Hohwacht, Tel. 043 81/900 80, www.hohe-wacht.de. Anspruchsvolle Hotel- und Apartmentanlage. Mit Hallenschwimmbad, Wellnessbereich sowie gutem Restaurant.

****Ferienpark Weißenhäuser Strand**, Seestr. 1, Weißenhäuser Strand, Tel. 043 61/550, www.weissenhaeuserstrand.com. Weitläufige Anlage mit Restaurants und Bars, Badelandschaft, reichlich Gelegenheit zu Wassersport, Tennis usw.

****Genueser Schiff**, Seestr. 18, Hohwacht, Tel. 043 81/75 33, www.genueser-schiff.de. Hotel und Apartments am Ostseeufer mit Meerblick. Hervorragendes Restaurant und Strandkorbcafé.

Restaurants

Forsthaus Hessenstein, 3 km westlich von Gut Panker, Tel. 043 81/94 16. Landgasthof mit fantasievoller Regionalküche, die knusprige Ente ist eine Versuchung (Mo geschl.).

Ole Liese, Gut Panker, gegenüber vom Herrenhaus, Tel. 043 81/906 90, www.ole-liese.de. Norddeutsche Küche für Feinschmecker (Mo geschl.).

38 Oldenburg

Die geruhsame Kleinstadt war einst Hafenmetropole slawischer Wagrier.

Starigard, also *Alte Burg*, nannten slawische Abodriten und Wagrier ihre im 7. Jh. gegründete Siedlung, die sie mit einem bis zu 18 m hohen Ringwall schützten. Dank ihrer Lage am **Oldenburger Graben**, einem Meeresarm, der die Hohwachter mit der Lübecker Bucht verband, entwickelte sich der Ort zu einem regen Handelszentrum. Die bedeutende Wasserstraße verlandete jedoch im Laufe der Jahrhunderte und ist heute nur noch ein schmaler Graben. Die Stadt allerdings entwickelte sich unter dem Namen Oldenburg weiter, nachdem christliche Sachsen in der 2. Hälfte des 10. Jh. die Region erobert hatten, und gilt daher als älteste kontinuierlich bewohnte Siedlung Schleswig-Holsteins. Den Rang als **Bischofssitz** musste Oldenburg allerdings bereits 1160 an Lübeck abtreten. Die Reste der 4 ha umfassenden **Wallanlage** sind jedoch noch deutlich zu sehen. Ihre Umrisse gleichen einer 8 und überragen deutlich die Wohnhäuser aus jüngerer Zeit. Diese stammen größtenteils aus dem 18. und 19. Jh., denn Kriege und Brandkatastrophen zerstörten viel von der alten Bausubstanz. Auch die Kirche **St. Johannis** war davon betroffen, die im Jahr 1156 als dreischiffige Basilika südlich des Ringwalls angelegt worden war. Sie gilt als eine der ältesten Backsteinkirchen des Landes, wurde aber häufig erneuert. Original ist heute nur noch der niedrige Glockenturm (Ende des 18. Jh.).

Auf der gegenüberliegenden Seite der Verteidigungsanlage wurde am Prof.-Struve-Weg die **Museumsinsel** angelegt. Mehrere Gebäude – Scheunen, Back- und Gutshaus – gruppieren sich um einen Hof. Das **Oldenburger Wallmuseum** (Tel. 04361/623142, www.oldenburger-wallmuseum.de, April–Okt. Di–So 10–17 Uhr) vermittelt einen Eindruck vom Leben der frühen Slawen in der befestigten Wagriersiedlung Starigard. Von besonderem Interesse ist die nachgebaute slawische Hafenanlage. Am Steg liegen ein rekonstruiertes *Handelsschiff* aus dem 8./9. Jh. und ein *Kurierschiff* der Wikinger. Es sind auch einige Fundstücke aus Grabhügeln

Trotz mehrfacher Erneuerung gibt St. Johannis einen Eindruck von mittelalterlicher Bauweise

Strandkorb-gesprenkelt: Auf Heiligenhafens breitem Sandteppich erholt sich's trefflich

der Umgebung zu sehen, die meisten der silbernen Beigaben befinden sich jedoch im Museum des Kreises Plön [s. S. 92].

Praktische Hinweise

Information

KulTour Oldenburg in Holstein, Markt 1, Oldenburg in Holstein, Tel. 043 61/51 94 05, www.kultour-oldenburg.de

Hotel

**Günther, Carl-Maria-von-Weber-Str. 18, Oldenburg, Tel. 043 61/27 30, www.hotel-guenther.de. Komfortable Zimmer in ruhiger Lage.

39 Heiligenhafen

Die Seglermetropole lädt zu Hochseetörns ein, der feine Strand begeister Landratten.

Die stattlichen, mit Giebeln geschmückten **Bürgerhäuser** von Anfang des 19. Jh. am Thulboden zwischen Wilhelmplatz und Rathausmarkt sowie in der Mühlenstraße strahlen noch die gemütliche Kleinstadtatmosphäre aus, die Heiligenhafen bis vor gut 200 Jahren kennzeichnete. Dann freilich entdeckte das wohlhabende städtische Bürgertum den idyllischen Fischerort mit dem mehr als 4 km langen Sandstrand als ideale **Sommerfrische**. Schon damals ragte der gedrungene Backsteinturm der gotischen **Stadtkirche** (Führungen Di, Do, Sa 11 Uhr) nur wenig über die Dächer von Heiligenhafen. Das aus dem 13. Jh. stammende Gotteshaus wurde vielfach erneuert, zuletzt (und dies ausgesprochen schmucklos-nüchtern) zum Ende des 19. Jh. Von der Ausstattung der Hallenkirche sind mehrere übergroße *Schnitzfiguren* interessant, etwa der hl. Christophorus oder Adam und Eva (16. Jh.). Schiffsmodelle sowie mehrere Grabmäler für Kapitäne und Seeleute zeugen von der engen Verbindung der Gemeinde zur See.

In unmittelbarer Nähe wird im **Heimatmuseum** (Thulboden 11 a, Tel. 043 62/38 76, April–Okt. Di–Fr, So 15–17 Uhr), einem schönen Jugendstilgebäude, anhand von Modellen und handwerklichen Gerätschaften über Stadtgeschichte und Seefahrt informiert. Im ausgedehnten **Kommunalhafen** legen nach wie vor Fischkutter an, auch wenn die großen Tage der Ostseefischerei mittlerweile vorbei sind. Schiffer offerieren halb- oder ganztägige Törns für Hobby-Hochseeangler. Darüber hinaus machen zwei moderne **Jachthäfen** mit mehr als 1000 Liegeplätzen, zwei Segelschulen und die größte Chartersegelflotte Deutschlands das doch recht beschauliche Heiligenhafen zu einem Zentrum der Skipper.

Der Wind trägt das Geschrei der Seevögel von **Graswarder** (www.graswarder.de) herüber, einer 229 ha großen Nehrung aus angeschwemmtem Sand zwischen Hafeneinfahrt und offener See. Sie steht unter Naturschutz und ist die Heimat von mehr als 40 Vogelarten, darunter Austernfischer ebenso wie Höckerschwäne. Westlich an das Vogelschutzgebiet schließt sich der **Steinwarder** an, gesäumt von Steilküsten und 5 km feinem Sandstrand mit Dünen. Die einstige Insel ist nicht nur mit Graswarder zusammengewachsen, auch zum Festland besteht eine Landverbindung. Nebenan liegt der **Binnensee**, auf dem gesegelt und gesurft wird.

i Praktische Hinweise

Information

Tourismus-Service, Bergstr. 43, Heiligenhafen, Tel. 043 62/907 20, www.heiligen hafen-touristik.de

Schiff

Jacht- und Charterzentrum, Am Jachthafen 1, Heiligenhafen, Tel. 043 62/73 23, www.charterzentrum.de. Vermietet Bavaria- und Hanse-Jachten von 32 bis 47 Fuß Länge, mit und ohne Skipper.

Camping

Blank-Eck, Neuteschendorf, Tel. 043 61/805 62, www.blank-eck.de. Weitläufiger Platz an 250 m langem Badestrand. Vielfältiges Sportangebot, u. a. Tauchstation.

Restaurants

Weinigel`s Fährhaus, Am Jachthafen 4 b, Heiligenhafen, Tel. 043 62/76 36, www.zum-neuen-faehrhaus.de. Das Restaurant mit Hafenblick bietet vorzügliche Fischgerichte. Mit Terrasse (Mo geschl.).

Zum Alten Salzspeicher, Hafenstr. 2, Heiligenhafen, Tel. 043 62/28 28, www.salzspeicher.com. Im alten Fachwerkhaus (16. Jh.) werden Steaks und Pfannkuchen in allerlei Variationen angeboten.

40 Fehmarn

Sonneninsel im frischen Wind garantiert gemütlichen Urlaub.

Zugvögel aus Nordrussland und Skandinavien erreichen auf ihrem langen Flug in wärmere Gefilde im Herbst bei Fehmarn erstmals das Festland von Mitteleuropa. Entlang dieser *Vogelfluglinie* verläuft auch die **Europastraße 47**, die seit dem 14. Mai 1963 dank der damals eingeweihten, knapp 1 km langen **Fehmarnsundbrücke** die brettflache Insel mit dem Kontinent verbindet. Über sie erreichen jährlich Zehntausende von Urlaubern die feinen, meist sandigen Strände der mit einer Fläche von 185 km² nach Rügen und Usedom drittgrößten deutschen Ostseeinsel. Dazu kommen Hundertausende Transitreisende, die sich von Fehmarns Fährhafen Puttgarden nach Skandinavien einschiffen. In Zukunft wird sich der Verkehr jedoch vom

Die Nehrung Graswarder bei Heiligenhafen ist Naturschutzgebiet und Erholungsziel zugleich

Auf die Insel, doch nicht nur: Die Fehmarnsundbrücke bringt Skandinavien näher

Wasser auf die Straße verlagern: 2008 wurde der Bau der 5,6 Milliarden teuren **Fehmarnbelt-Brücke** beschlossen. Ab 2018 soll das 19 km lange Bauwerk Puttgarden mit Rødby auf der dänischen Insel Lolland verbinden.

Auf Fehmarn war Leibeigenschaft stets verpönt, seit der ersten Erwähnung der Insel *Fembre* im 11. Jh. Das fruchtbare Eiland wurde von Sachsen und Dänen wiederholt erobert, doch die Fehmaraner konnten ihre Eigenständigkeit bewahren. 1617 verbot Herzog Johann Friedrich den Adligen, Grundbesitz auf der Insel zu erwerben. So blieb das Land in **Bauernhand**, was den in 42 Dörfern lebenden Inselbewohnern Wohlstand sicherte.

Dass Fehmarn als Ferieninsel heute so beliebt ist, liegt sicher auch an den 1800–1900 **Sonnenstunden** im Jahr. Es ist damit eines der sonnigsten Fleckchen Erde in Deutschland. Als fünfte Jahreszeit bezeichnet man hier den Mai, wenn die knallgelben **Rapsfelder** mit der Sonne um die Wette strahlen. Dann ist es besonders reizvoll, die flache Insel mit dem Fahrrad zu erkunden. Für **sportliche Urlauber** wird jede Menge geboten: Ausritte, Beach-Volleyball und Strandwanderungen sind sehr beliebt, bei Wulfen lädt ein 18-Loch-Golfplatz zum Putten ein, vor der Küste locken ausgedehnte Surf- und Segelreviere oder gesunkene Schiffswracks zu Tauchgängen.

TOP TIPP

Knapp die Hälfte der 13 000 Fehmaraner lebt in der liebenswerten Inselhauptstadt **Burg** im Süden. Sie wurde erstmals 1231 erwähnt und empfängt Besucher noch heute stimmungsvoll mit alten, zum Teil aus dem 16. Jh. stammenden Bürger- und Fachwerkhäusern entlang kopfsteingepflasterter und von knorrigen Ulmen gesäumten Gassen. Ein schönes Beispiel hierfür ist die Breite Straße, in der das **Peter-Wiepert-Museum** (Breite Str. 49, Tel. 04371/6257, www.museum-fehmarn.de, Juni–Okt. Di–Sa 11–16 Uhr) drei der ältesten Fachwerkgebäude der Insel aus dem 16./17. Jh. einnimmt. Viel ist zu Fehmarns Geologie, Geschichte und Brauchtum hier zusammengetragen, Steinsammlung, Aussteuerwäsche und Töpferwaren ebenso wie ein Archivschrank. Die benachbarte, wuchtige Kirche **St. Nikolai** aus dem 13. Jh. zeigt vor allem im Innenraum ihre romanischen und gotischen Ursprünge. Sehenswert sind besonders die *Bronzetaufe* mit Löwenfüßen (14. Jh.) rechts vom Chor sowie der Ende des 14. Jh. geschnitzte *Hauptaltar* mit christologischen Darstellungen. An der östlichen Außenwand der Kirche erinnert eine *Sandsteintafel* an das Massaker, das der dänische König Erich II. von Pommern 1420 anrichtete, als er die Insel von den Holsteinern zurückeroberte und nur drei Einwohner verschonte. Einen freundlichen Eindruck

Haie hinter Glas – das Meereszentrum Fehmarn gewährt faszinierende Einblicke

vermittelt dagegen die im 16. Jh. mit floralen Motiven ausgemalte Kapelle **St. Jürgen**. So sollte sie wohl auch auf die Pestkranken und Aussätzigen wirken, für die das St.-Jürgen-Stift im 15. Jh. errichtet wurde.

Faszinierende Einblicke in die Unterwasserwelt der Tropen bietet das **Meereszentrum Fehmarn** (Getrudenthaler Str. 12, Tel. 04371/4416, www.meereszentrum.de, Juni–Aug. tgl. 10–19, März–Mai, Sept./Okt tgl. 10–18, Nov.–Febr. tgl. 10–17 Uhr). Neben dem größten Haibecken Deutschlands mit über 10 Arten beeindrucken 40 Schauaquarien, ein Korallengarten und der Rifftunnel aus Acrylglas, der umgeben von 400 000 l Wasser auf den Meeresboden führt.

Im Stadtteil **Burgstaaken** liegt der alte Hafen von Burg an dem heutigen Binnensee. Im **Jachthafen** (www.yachthafen-burgstaaken.de) überragen Apartmenttürme aus den 1970er-Jahren die Masten der Schiffe. Die 40 m hohen **Getreidesilos** (Tel. 04371/503102, www.siloclimbing.de, April, Mai uund Sept., Okt tgl. 10–18 Uhr, Juni–Aug. 10 Uhr – open end) im Hafen sind mit Griffen und Tritten als Herausforderung für Kletterenthusiasten präpariert. Badespaß garantiert das **FehMare** (Südstrandpromenade1,Tel.4371/889960, www.fehmare.de, am Südstrand – mit Wellenbecken, Wellnessbereich und diversen Fitnessangeboten.

Das benachbarte Örtchen **Landkirchen** galt bis zur Übernahme Schleswig-Holsteins durch Preußen 1867 als Inselzentrum. Hier tagte die Landesversammlung Fehmarns in der Kirche **St. Petri** (13. Jh.). Noch immer ruht in dem niedrigen turmlosen Backsteinbau der *Landesblock*, eine klobige Truhe, in der einst wichtige Dokumente durch drei Schlösser gesichert waren, die von den drei Kirchspielkämmerern nur gemeinsam geöffnet werden konnten. Zu den Kunstschätzen der Kirche und der Insel zählen die *Marienkrönung* (1390) und eine hanseatische Votivkogge von 1617.

Der Leuchtturm von **Staberhuk** markiert die östliche Spitze Fehmarns. Auch die anderen Leuchtfeuer wurden auf *Huk* genannten Landnasen, die spitz in die Ostsee ragen, gebaut. Im Südosten hielt sich der Expressionist *Ernst Ludwig Kirchner* Kirchner (1880–1938), berühmtes Mitglied der Künstlergruppe ›Die Brücke‹, Anfang des 20. Jh. mehrere Monate lang auf, um Motive der Fehmarner Küste zu malen. Weiter gen Norden führt das **Museum Katharinenhof** (Katharinenhof 15, Tel. 04371/1230, www.museum-katharinenhof.de, Ostern – Okt. Di–So 11–17 Uhr) mit Backhaus, Rauchkate und allerlei Gerätschaft in das Landleben und Handwerk früherer Zeiten ein. Einsam ragt an der Nordküste, westlich des Naturschutzgebietes *Grüner Brink*, der Mast des Segelschulschiffes **Niobe** als Denkmal aus dem Dünensand. Die Niobe kenterte am 26. Juli 1932 vor der Nordküste im Sturm und riss 69 der 109 Seeleute in den Tod.

In **Petersdorf**, Westfehmarn, umgibt ein Kreis von Lindenbäumen die Kirche

St. Johannis samt Friedhof. Der 64 m hohe, weithin sichtbare Turm dient den Seeleuten seit dem 13. Jh. zur Orientierung. Im Inneren des Gotteshauses fallen die zahlreichen *Grabmäler* (16./17. Jh.) auf. Außerdem verdienen der gotische *Schnitzaltar* sowie ein *Sakramentenhaus* aus dem 15. Jh. Beachtung.

An der etwa 4 km entfernten Westküste liegt das **Wasservogelreservat Wallnau** (www.wallnau.nabu.de). Hier kann man vor allem im Frühjahr und Herbst Höckerschwäne, Kraniche oder Störche aus geschützten Laufgräben und erhöhten Beobachtungsständen betrachten, ohne sie zu stören.

Im Seglerhafen und Fischerort **Lemkenhafen** steht die einzige noch tatsächlich mit Windsegeln betriebene Mühle Europas (1787). Zu besichtigen sind im **Mühlenmuseum Jachen Flünk** (Mühlenweg 45, Tel. 04372/1894, Juni–Okt. Do–Di 10–17 Uhr, sonst nach Anmeldung) das erhaltene Mahlwerk, alte Kornmaße und landwirtschaftliches Gerät. In ihrer Tradition stehen die modernen **Windkraftwerke** Fehmarns. Sie erzeugen dank der beständigen Brise inzwischen genug Strom, um den Energiebedarf der Insel vollständig zu decken.

Ein Ring aus prächtigen Linden umgibt Gottesacker und Kirche St. Johannis in Petersdorf

Praktische Hinweise

Information

Tourismus-Service Fehmarn, Südstrandpromende 1, Burgtiefe, Tel. 04371/506300, www.fehmarn.de

Schiff

Scandlines Deutschland, Tel. 01805/116688 (14 €/Min.), www.scandlines.de. Von Puttgarden nach Rødby Havn auf der dänischen Insel Lolland.

Camping

Ostsee, Katharinenhof auf Fehmarn, Tel. 04371/9032, www.camping-katharinenhof.de. Leicht geneigtes Wiesengelände, von der Steilküste durch einen 80 m breiten Waldgürtel getrennt.

Wulfener Hals, Wulfener-Hals-Weg 1, Wulfen, Tel. 04371/862813, www.wulfenerhals.de. Großes, meerumschlungenes Wiesengelände am Fehmarnsund mit Sportangebot.

Hotels

***__Burg-Klause__, Blieschendorfer Weg 1, Burg, Tel. 04371/50020, www.burg-klause.de. Helle, komfortable Zimmer, mit Restaurant und Gartenterrasse.

***__IFA Fehmarn Hotel & Ferien-Centrum__, Südstrandpromenade, Fehmarn/Burg, Tel. 04371/890, www.ifa-fehmarn-hotel.com. Ausgedehnter Apartmentkomplex mit Komplettprogramm von Ausgehen bis Sport.

***__Wisser's Hotel__, Am Markt 21, Burg, Tel. 04371/3111, www.wissers-hotel.de. Traditionelles Hotel in historischem Gasthof von 1822, gemütliche Zimmer.

Restaurants

Aalhus, Hauptstr. 39 a, Landkirchen, Tel. 04371/9199, www.aalhus.de. Aal, Dorsch und andere Fischspezialitäten (Mo geschl.).

Aalkate, Königstr. 20, Lemkenhafen, Tel. 04372/532, www.aalkate-original-fehmarn.de. Urgemütliches Fischrestaurant und Imbiss mit Garten.

Lotsenhus, Burgstaaken 65, Tel. 04371/5597, www.lotsenhus.de. Exzellente Fischküche im alten Lotsenhaus am Hafen mit Sonnenterrasse.

Lübecker Bucht – die Riviera des Nordens

Feinsandige Strände säumen die weit geschwungene Lübecker Bucht, entlang der Küste reihen sich von Dahme bis Travemünde Badeorte von unterschiedlichem Charakter. Einige sind familiär, Kellenhusen etwa, andere von Campingplätzen flankiert wie Rettin. In Niendorf oder Haffkrug geht es noch beschaulich zu, während sich im Neustädter Hafen mittlerweile neben Fischkuttern und Seglern längst auch PS-starke Motorboote drängen. **Timmendorfer Strand** gilt als Flaniermeile mit viel Hamburger Publikum, Travemünde gibt sich nostalgisch – mit traditionsreichem Spielkasino und herrschaftlichen Villen.

Lübeck ist als Handelszentrum eine Ausnahmeerscheinung an der nach ihr benannten Bucht. Ihre Bedeutung als wichtigstes Mitglied der **Hanse** sicherte der Travestadt einen Spitzenplatz in der europäischen Geschichte. Noch heute demonstriert die – nach dem Krieg wieder aufgebaute – prächtige Backsteinarchitektur der Stadttore, Kirchen, Kaufmannshäuser und Speicher den Glanz und die Macht vergangener Tage.

41 Grömitz und Umgebung

Familienbäder, Camping und eine Strafkolonie für unkeusche Mönche.

An die im 11./12. Jh. gegründete slawische Siedlung Grobenice erinnert im lebhaften Seebad Grömitz heute nichts mehr. Eigentlich ist es eine Kleinstadt, die sich im Sommer zu einem geschäftigen, vor allem von Familien gern besuchten **Ferienort** wandelt. Im Zentrum der schmucken Wohnhäuser und Pensionen steht die in der ersten Hälfte des 13. Jh. aus roh behauenen Findlingen errichtete kleine Kirche **St. Nicolai**. Der *Altar* ist spätbarock (1734), er zeigt Letztes Abendmahl, Kreuzigung und Auferstehung Christi.

Hauptattraktion von Grömitz ist der 8 km lange **Sandstrand**, der im Stadtgebiet von der Kurpromenade begleitet wird. Eine *Strandeisenbahn* hält u. a. beim *Jachthafen*, der mit 780 Liegeplätzen zu einem der größten der Ostsee zählt. Dasselbe gilt für die benachbarte *Seebrücke*, die immerhin fast 400 m in die Ostsee hineinragt. Vergnügen verspricht auch ein Besuch des Meerwasserbrandungsbads **Grömitzer Welle** (Tel. 045 62/25 62 47, www.groemitzer-welle.de. Für Entspannung sorgt der Sauna- und Beautybereich im *Wellarium*.

◁ *Urbild hansischer Backsteingotik: St. Mariens Strahlkraft wirkte weit über Lübeck hinaus*

Einige Kilometer nördlich von Grömitz liegt das ehem. **Benediktinerkloster Cismar** (Tel. 043 66/12 88, www.cismar.de/kloster, Führungen durch Klosteranlage und -kirche März–Okt. Mi und Sa 17 Uhr und nach Vereinbarung) im Hinterland. Der Konvent hatte seinen Sitz ursprünglich in Lübeck, aber der Bremer Erzbischof Adalbert verbannte die frommen Brüder Mitte des 13. Jh. wegen ihres lockeren Lebenswandels in die Einöde von *Cicimeresthorpe*. Abgeschiedenheit und Einsamkeit währten allerdings nicht lange: Eine umfangreiche Reliquiensammlung sowie eine Heilquelle zogen einen wahren Strom von Pilgern an. Die Reformation Mitte des 16. Jh. machte dem ein Ende. Es folgte der Abriss einiger Gebäude, die Klosterbibliothek kam nach Kopenhagen. Erhalten blieb die einschiffige **Klosterkirche** aus dem 13. Jh. Zwar weist kein Turm den Weg, doch die durch Lisenen und Pfeiler strukturierte Fassade mit Stufengiebel ist trotzdem nicht zu verfehlen. Das Innere bezaubert durch eines der eindrucksvollsten *Gewölbe* gotischer Backsteinarchitektur. Im Chor steht ein um 1315 kostbar geschnitzter *Schreinaltar*. In dem seitlich vor der Kirche gelegenen **Laienschiff**, im 18. Jh. zu einem Herrenhaus umgestaltet, zeigt heute das *Schleswig-Holsteinische Landesmuseum* (Bäderstr. 42, Tel. 04366/1080, www.schloss-gottorf.de, Mitte März–Mitte Okt. Di–So 10–17 Uhr) wechselnde Ausstellungen mit bildnerischen Werken einheimischer Künstler.

Die Ostseeküste bietet auch weiter nördlich feine Sandstrände. Sie ziehen sich über den Badeort **Kellenhusen** mit seiner neu gestalteten Promenade bis zum 29 m hohen, achteckigen Leuchtturm von **Dahmeshöved**. Dieser wurde 1879 auf einer kleinen Halbinsel errichtet und überragt die reetgedeckten Häuschen des Ferienortes **Dahme**, der mit einem 6 km langen, sanft abfallenden Strand aufwarten kann.

Südlich von Grömitz erstreckt sich entlang einer schroffen Steilküste das **Naturschutzgebiet Lensterstrand**. Die weite Aussicht über die Lübecker Bucht und die schönen Strände ziehen Campingfreunde an. Etwas weiter südlich liegen *Rettin* und *Pelzerhaken*, vor dessen Küste sich Surfer auf den Wellen vergnügen. Auf dem **Wanderweg** entlang der Steilküste von Rettin nach Neustadt passiert man einen **Ehrenfriedhof**. Er erinnert an die Tragödie des 3. Mai 1945, als die Schiffe ›Cap Arcona‹ und ›Thielbeck‹ mit 7300 von der SS verschleppten KZ-Häftlingen an Bord irrtümlich von britischen Kampffliegern bombardiert wurden.

Neustadt ist nicht so jung, wie sein Name vermuten lässt. Schon 1244 ließ Graf Adolf IV. zwischen dem See Binnenwasser und der Ostsee eine Siedlung als Konkurrenz zu Lübeck gründen. Brände und der Dreißigjährige Krieg zerstörten jedoch die meisten der altenhistorischen Gebäude. Allerdings blieb der schlichte Backsteinbau des 1344 gegründeten **Heilig-Geist-Hospitals** beim Brückentor erhalten. In einer Halle neben der Saalkirche machten bis ins 16. Jh. hinein gebrechliche Pilger auf idem Weg zum Kloster Cismar Station.

Die dreischiffige **Stadtkirche** geht auf das 13. Jh. zurück. Im Inneren des gotischen Baus fällt der im Stil der niederländischen Spätrenaissance geschnitzte und farbenprächtig ausgemalte Altar, der 1648 vollendet wurde, ins Auge.

Das von einem Stufengiebel gekrönte **Kremper Tor** von 1244 beherbergt hinter meterdicken Backsteinmauern die Sammlung des kulturhistorische **Museums der Stadt Neustadt in Holstein** (Kremper Tor, Tel. 04561/619305, www.zeittor-neustadt.de, das seit Oktober 2010 in modernerer Präsentationsform prähistorische Fundstücke aus der Region wie z. B. Faustkeile und Pfeilspitzen präsentiert. Das angeschlossene **Cap-Arcona-Museum** (Tel. 04561/39770, Besichtigung nach Voranmeldung) erinnert eindrucksvoll an die Tragödie dieses Schiffes unmittelbar vor Kriegsende im Jahr 1945 (s. o.)

Seit 1830 ziert der **Pagodenspeicher**, so genannt wegen seines ungewöhnlichen, sechsfach gestuften Daches, den geschäftigen Neustädter Hafen. Der massige Fachwerkbau diente bis ins 20. Jh. als Lagerhaus für Getreide.

i Praktische Hinweise

Information

Tourismus-Service, Kurpromenade 58, Grömitz, Tel. 04562/2560, www.groemitz.de

Tourist-Information, Am Markt 1, Neustadt in Holstein, Tel. 04561/619556, www.neustadt-holstein.de

Camping

Camaro, Mittelweg 111, Lensterstrand, Grömitz, Tel. 04562/8845, www.campingplatz-camaro.de. Komfortable Anlage mit Hallenbad.

Hotels

*****Gut Beusloe**, Baumallee 14, Beusloe (bei Neustadt), Tel. 04561/4325, www.gut-beusloe.de. Komforturlaub in einem aufwendig restaurierten Gutshof von 1910 auf dem Gelände eines Golfplatzes.

*****Schöne Aussicht**, Uferstr. 14/Haffkamp, Grömitz, Tel. 04562/1870, www.schoene-aussicht-groemitz.de. Familiäre Zimmer und Apartments direkt am Strand.

Restaurants

La Marée, Christian-Westphal-Str. 52, Grömitz, Tel. 04562/9827, www.ostseebad-hotel.de. Französische Küche im Hotel ›Pinguin‹ (Mo geschl.).

Zur Seebrücke, Strandallee 12, Neustadt, Tel. 04561/8537. Ländliche Küche zu vernünftigen Preisen (Di geschl.).

Vom Schickeria-Kultort zum Ziel auch weniger Betuchter gewandelt: Timmendorfer Strand

42 Scharbeutz-Haffkrug

Trubel und Beschaulichkeit an Deutschlands größter Badewanne.

Der Doppel-Kurort an der Lübecker Bucht ist bei Feriengästen ausgesprochen beliebt, finden sie doch einen weiten Sandstrand, ein reiches Sportangebot von Wasserski über Surfen und Segeln bis zu Ausritten sowie Möglichkeiten zum Ausgehen und Einkaufen. Der feine, flach auslaufende Sandstrand von **Scharbeutz** ist ideal für Kinder. Nur wenige Gehminuten von der 100 m langen Seebrücke *Alte Liebe* entfernt können Urlauber in der Badelandschaft der **Ostsee-Therme** (Strandallee 143, Tel. 045 03/35 26 16 www.ostsee-therme.de, tgl. 9–23 Uhr) auch bei kaltem Wetter entspannen.

Haffkrug lässt es gemächlicher angehen als die Schwesterstadt im Süden. In dem familienfreundlichen Ferienort mit dem ebenfalls sehr schönen Sandstrand heißt es ›Immer sutsche‹, also schön ruhig bleiben. Für Abwechslung sorgt das 2 km nördlich nahe Sierksdorf gelegene Vergnügungszentrum **Hansapark** (Am Fahrenkrog 1, Tel. 045 63/47 40, www.hansapark.de, April–Okt. tgl. 9–18 Uhr). Abgefahrene Fahrten, Riesenrad- und Karussellrunden – all das begeistertGroß und Klein. Seit 2010 im Programm sind die atemberaubende Achterbahn ›Fluch von Novgorod‹ (mit spektakulären Hell-Dunkel-Effekten) und neue Bauabschnitte der Themenwelt ›Hanse in Europa‹:, nämlich 14 prächtige Gebäude aus Visby, Rostock, Hamburg und Brügge. Zur ausgedehnten Anlage gehört auch der 100 m aufragende **Holstein-Aussichtsturm**.

Ausflüge

TOP TIPP Turbulent geht es am 8 km langen **Timmendorfer Strand** zu. Die Reichen und Schönen, dazu viele ›normale‹ junge Leute aus Hamburg, bevölkern am Wochenende Promenade und Seebrücke. ›Sehen und gesehen werden‹ lautet das Motto in den noblen Strandcafés und Boutiquen entlang der Flaniermeile im Ortszentrum. Im Aquarium **Sea Life** (Kurpromenade 5, Tel. 18 05/66 69 01 01, www.sealifeeurope.com, Juli/Aug. tgl. 10–19, März–Juni, Sept./Okt. tgl 10–18, Nov.–Febr. tgl. 10–17 Uhr) führt ein gläserner Tunnel durch einen Wassertank mit sehr farbenprächtigen tropischen Fischen. Neu seit 2010 ist das allemal besuchenswerte ›Paradies der Seedrachen‹

Frischen Fisch vom Kutter gibt es morgens im Fischereihafen von **Niendorf** an der Mündung der kleinen Aalbek. Im hinter dem Hafen gelegenen **Vogelpark**

(An der Aalbeek, Tel. 045 03/47 40, www.vogelpark-niendorf.de, Mai–Sept. tgl. 9–20 Uhr, Okt.–April von 9 Uhr bis zur Dämmerung) leben rund 350 Arten. Südlich der Niendorfer Uferpromenade führt ein Weg parallel zur wildromantischen Abbruchkante des 20 m hohen **Brodtener Ufers** mitten hinein in ein Stück noch ursprünglicher Natur.

i Praktische Hinweise

Information

Tourismus-Service, Strandallee 134, Scharbeutz, Tel. 045 03/77 09 64, www.scharbeutz.de

Timmendorfer Strand Niendorf Tourismus, Timmendorfer Platz 10, Timmendorfer Strand, Tel. 045 03/357 70, www.timmendorfer-strand.de

Hotels

TOP TIPP ****Landhaus Carstens**, Strandallee 73, Timmendorfer Strand, Tel. 045 03/60 80, www.landhauscarstens.de. Reetdach-Hotel mit gemütlicher Atmosphäre, Meerblick, Saunen und Schwimmbad. Tolle Fischgerichte im hauseigenen Restaurant.

****Seehof**, Gartenweg 30, Sierksdorf, Tel. 045 63/70 31, www.seehof-sierksdorf.de. Hotel und Apartments mit Blick auf die Ostsee, mit Restaurant.

Restaurants

Landgasthof Brechtmann, Hackendohrredder 9, Schürsdorf bei Scharbeutz, Tel. 045 24/99 52, www.brechtmann.de. Feine Küche, die Spezialität ist Ente (Mo, Di geschl.; Juli/Aug. nur Di geschl.).

Orangerie, im Maritim Seehotel, Strandallee 73, Timmendorfer Strand, Tel. 045 03/605 24 24, www.orangerie-timmendorfer-strand.de. Kreative Küche im 1960er-Jahre-Hotelturm (Mo/Di geschl.).

Schierbaums Fischkate, Seestr. 16, Hemmelsdorf, Tel. 045 03/29 10, www.fischerei-schierbaum.de. Ausflugsrestaurant am Hemmelsdorfer See. Im Biergarten gibt es Bratfisch direkt vom Rost.

Café

Engels Eck, Am Platz 3, Timmendorfer Strand, Tel. 045 03/20 58, www.cafe-engels-eck.de. Im Sommer verdient das Lokal seinen spöttischen Beinamen **Café Wichtig**, wenn sich bis zu 350 Gäste auf der Terrasse tummeln.

43 Travemünde

›Lübecks exquisites Seebad‹.

Eine Chronik aus dem 12. Jh. erwähnt eine Zollstation für Lübecker Handelsschiffe an der Travemündung. Brand und Kriege zerstörten die Stadt im 16. Jh. vollständig, seit 1802 ist sie **Seebad**. Schon damals schätzte die vornehme Gesellschaft die gesunde Seeluft und den 5 km langen, feinen Sandstrand. Im Jahre 1889, sieben Jahre nach der ersten Regatta der Kieler Woche, wurde die Tradition der **Travemünder Woche** (www.travemuender-woche.net) begründet, die seitdem in der zweiten Junihälfte stattfindet.

Auch die **Altstadt** hat Historisches zu bieten, z. B. die Kirche **St. Lorenz** (April–Okt. Di–So 9–12 und Di–Fr 13–16, Nov.–März Di–So 9–12 Uhr) aus dem 16. Jh. Ihr einschiffiger Innenraum wird von dem prächtigen barocken *Altar* (1723) dominiert, als dessen Platte ein gotischer Grabstein dient. Zwischen Kirchenschiff und Chor besticht ein spätgotisches Triumphkreuz aus dem 15. Jh. Ungewöhnlich ist die bemalte Holzbalkendecke.

Im frühen 17. Jh. entstand in der Vorderreihe 7 das zweistöckige Backsteingebäude der **Lübschen Vogtei**. Heute beherbergt die einstige Polizeistation ein Restaurant und kleine Geschäfte. Die Eingangstür ist im Stil des Rokoko bemalt, im Inneren ist eine erst 2006 entdeckte Renaissance-Kassettendecke von 1623 zu bewundern. In dieser Straße gibt es auch einige schöne **Fachwerk-** und **Backsteinhäuser** aus dem 17./18. Jh., in denen sich Hotels, Cafés und Geschäfte einquartiert haben. Dahinter liegt das Nordufer der Trave mit dem **Ostpreußenkai**, von dem im Sommer Ausflugsdampfer zu anderen Ostseebädern starten.

Der neuere Teil der Stadt besteht aus repräsentativen Villen, Hotels und einer Konzertmuschel, allesamt in der Anfangszeit des Seebades um die Jahrhundertwende an der Landseite der **Uferpromenade** entstanden. An dieser im Volksmund *Knust*, also ›dickes Ende‹, genannten Flaniermeile befindet sich im Columbia Hotel das 1914 eingeweihte **Casino**. An der Travemündung beheimatet der 31 m hohe **Alte Leuchtturm** (Am Leuchtenfeld 1, Tel. 045 02/88 91 80, www.leuchtturm-travemuende.de, tgl. 13–16, Juli/Aug 11–16 Uhr) ein maritimes Museum mit Modellen von Feuerschiffen, Fotos und Seelaternen. Nach 142 Stufen ge-

Die ›Passat‹: 39mal umsegelte sie das legendäre Kap Hoorn

nießt man hier eine herrliche Aussicht auf Altstadt und Lübecker Bucht. Vom **Skandinavienkai** legen die Fährschiffe ab, deren Ziel Häfen in Skandinavien, Russland und dem Baltikum sind.

Priwall, eine von der Küste des östlichen Nachbarn Mecklenburg vorspringende Landzunge, gehört zu Travemünde. Eine Pendelfähre setzt Passagiere und Fahrzeuge über. Im dortigen Hafen überragen die vier Masten des Großseglers **Passat** (Tel. 045 02/52 87, www.ss-passat.com, Mitte Mai–Sept. tgl. 10–17, Mitte April–Mitte Mai, Okt. tgl. 11–16.30 Uhr) die Privat-Jachten. Der denkmalgeschützte, 115 m lange einstige Salpeter- und Getreidefrachter mit seinen 4100 m² Segelfläche lief 1911 in Hamburg vom Stapel. Am Ostseeufer der Halbinsel erstreckt sich ein wunderbarer **Sandstrand**, der landwärts von hohen Dünen begrenzt wird – nicht nur Kinder entwickeln hier Burgenbau-Gelüste.

Praktische Hinweise

Information

Lübeck und Travemünde Tourist-Service, Bertlingstr. 21, Strandbahnhof, Travemünde, Tel. 018 05/88 22 33 (0,14 €/Min.), www.travemuende.de

Schiff

Finnlines Passagierdienst, Zum Hafenplatz 1, Travemünde, Tel. 045 02/805 43, www.finnlines.com. Von Travemünde nach Helsinki und Malmö.

TT-Line, Zum Hafenplatz 1, Travemünde, Tel. 045 02/801 81, www.ttline.de. Nach Trelleborg.

Hotels

*******Grand Spa Resort A-ROSA Travemünde**, Außenallee 10, Travemünde, Tel. 045 02/307 06 32, www.a-rosa.de. Stilvoll eingerichtet sind die Zimmer und Suiten im alten Kurhaus. Zum Wohlfühlfaktor trägt das große Wellness- und Beautycenter bei.

*****Villa Charlott**, Kaiserallee 5, Travemünde, Tel. 045 02/861 10, www.villa-charlott.de. Heimeliges Hotel garni, das in einer stilvollen Villa aus der Zeit des ausgehenden 19. Jh. eingerichtet wurde.

Restaurant

Buddenbrooks, Außenallee 10, Travemünde, Tel. 045 02/307 06 32. Das Gourmetrestaurant des Grand Spa Resorts A-ROSA im historischen Lübeckzimmer bietet klassische französische Küche (So/Mo geschl.).

44 Lübeck

TOP TIPP *Die ›Königin der Hanse‹ ist die Heimat Thomas Manns und gehört mit ihrer norddeutschen Backsteingotik zum UNESCO-Weltkulturerbe.*

Liubice, die Liebliche, lautete der Name einer wendischen Siedlung des 9. Jh. am Unterlauf der Trave, auch bekannt als Alt-Lübeck. Nachdem Truppen des Schauenburger Grafen Adolf II. den Burgwall von Liubice 1138 zerstört hatten, errichtete dieser 1143 etwas weiter flussaufwärts eine eigene Siedlung.

Liebliche Handelsstadt

Bald drängelte Herzog Heinrich der Löwe, ihm den günstigen **Handelsplatz** zu überlassen, und gründete 1159 die Stadt neu – an ihrem heutigen Standort, einer von den Wassern der *Trave* und der gestauten *Wakenitz* gebildeten Insel. Bereits ein Jahr später wurde Lübeck **Bischofssitz** und entwickelte sich auch in wirtschaftlicher Hinsicht als Warenumschlagplatz hervorragend. Aus dem Norden und Osten Europas wurden Pelze, Erze und Fisch eingeführt, der Süden lieferte Salz und Stoffe. Im Streit zwischen dem Welfenfürsten Heinrich und Stauferkaiser Friedrich I. Barbarossa Ende des 12. Jh. hielt Lübeck zum Letztgenannten. Dafür stattete dieser die kaiserliche Stadt 1188 mit besonderen **Handelsprivilegien** aus, die die Lübecker Kaufleute zur Ausweitung des Fernhandels im Ostseeraum nutzten. 1226 ernannte Friedrich II. Lübeck zur **reichsfreien Stadt** mit Münzrecht. Ein verheerender Brand zerstörte 1276 einen Großteil der Stadt, die danach überwiegend aus Backstein wieder aufgebaut wurde.

Um den zunehmenden **Ostseehandel** zu schützen, schlossen sich Mitte des 14. Jh. mehr als 200 Städte im Norden zur **Deutschen Hanse** zusammen. Lübeck, verkehrstechnisch günstig an den Handelsrouten nach Skandinavien und zum Baltikum sowie am Nordende der Salzstraße und an der südwestlichen Ausbuchtung der Ostsee gelegen, nahm schnell die führende Rolle im mächtigen Städtebund ein und stieg zur **Königin der Hanse** auf. Um 1500 war Lübeck mit 25 000 Einwohnern zu einer der größten deutschen und einer der einflussreichsten Städte Europas herangewachsen.

Von Fleiß und Pracht

Das Ende dieser Blüte begann mit der *Entdeckung Amerikas* 1492, in deren Folge sich die Handelswege von der Ostsee nach Westen verlagerten und die Hanse-Metropole langsam aber sicher an den Rand Europas gedrängt wurde. Den **Dreißigjährigen Krieg** (1618–48) überstand die Travestadt dank kluger Diplomatie ihres Rates ohne größeren Schaden. Obgleich Lübeck zu dieser Zeit seinen wirtschaftlichen Zenit bereits überschritten hatte, machten die geschickten Kaufleute weiter gute Geschäfte, das wohlhabende Bürgertum der Stadt konnte sich

Das Lübecker Rathaus: Die Renaissancelaube und das Lange Haus prägen den Marktplatz

Lübecks Hafen im Mittelalter, dargestellt in einer Schulbuchillustration der 1960er-Jahre

Seemacht und Städtekartell

Sie war ihrer Zeit weit voraus. Die **Hanse**, eine Vereinigung zunächst von Kaufleuten, dann von **Handelsstädten**, entwickelte vom 11. Jh. an wirtschaftliche, politische und militärische Macht und bot in einer Epoche, die von der absoluten Herrschaft des Adels geprägt war, feudalen Machthabern die Stirn. Im Laufe ihrer 500-jährigen Geschichte haben fast 200 Städte der Hanse angehört. Den Kern bildeten die Häfen an oder nahe der **Ostsee**, allen voran Lübeck, Rostock, Stralsund, Danzig, Königsberg, Kiel etc., dazu an der Nordsee Hamburg und Bremen. Auch Städte im Binnenland wie Lüneburg, Köln, Braunschweig oder Dortmund wollten von den Privilegien und Steuervorteilen des Kartells profitieren und traten ihm bei. In Bergen, London, Brügge und Nowgorod unterhielt die Hanse gut ausgestattete **Kontore**.

Das altgermanische Wort Hanse, das soviel wie ›**bewaffnete Gruppe**‹ bedeutet, weist darauf hin, dass die Hanse die Handelswege gegen Übergriffe von Wegelagerern oder Piraten mit militärischer Gewalt schützte. Den bekanntesten von ihnen, **Klaus Störtebeker**, machte 1402 ein Scharfrichter auf dem Hamburger Grasbrook einen Kopf kürzer. Wer, wie 1284 Norwegen, den Hanse-Kaufleuten freien Zugang verweigerte, sah sich plötzlich einer massiven **Handelsblockade** ausgesetzt, die schnell zum Einlenken zwang. Als der dänische König Waldemar IV. 1381 die schwedische Hansestadt Visby besetzt hatte, kam es sogar zu einem **Seekrieg** gegen Dänemark, in dem die Hanse 100 bewaffnete Schiffe aufbieten konnte. Im Frieden von Stralsund mussten die Dänen die hansische Vormachtstellung im Ostseeraum anerkennen und dem Städtebund Küstenfestungen überlassen.

Die Stagnation und der schließliche **Niedergang** der Hanse im 16. und 17. Jh. hatte viele Ursachen. Neuen Handelsmächten wie den Niederländern oder den Augsburger Fuggern gelang es besser, sich der **Verlagerung** der **Handelswege** nach der Entdeckung Amerikas anzupassen.

auch im 18. und 19. Jh. mit stilvollen Bauten Denkmäler setzen. Die Eigenständigkeit der Stadt blieb lange erhalten, erst 1937 wurde Lübeck Schleswig-Holstein zugeschlagen. Der **Zweite Weltkrieg** traf die alte Hansestadt besonders hart: In der Palmsonntagnacht vom 28. zum 29. März 1942 zerstörten Bomben 25 % der histo-

Flankiert von charakteristischen Salzspeichern präsentiert sich das weltberühmte Holstentor

rischen Bausubstanz oder beschädigten sie schwer. Bis 1961 dauerte der anschließende Wiederaufbau. Die sorgfältig restaurierte Altstadt wurde von der UNESCO 1987 zum **Weltkulturerbe** erhoben. Dennoch wirkt die nach Kiel zweitgrößte Stadt (211 000 Einw.) Schleswig-Holsteins nicht museal. Die lebhafte Atmosphäre Lübecks, eine vielseitige Kulturszene und nicht zuletzt die architektonischen Zeugen der hansischen Vergangenheit ziehen jährlich mehr als 1 Mio. Besucher an.

Holstentor, Markt und Rathaus

Einen Rundgang beginnt man am besten im *Westen* der größtenteils verkehrsberuhigten Altstadt. Man erreicht sie über die mit sieben allegorischen Sandsteinfiguren geschmückte **Puppenbrücke** ❶. Die Statue von Merkur, dem Gott der Kaufleute und Diebe, zeigt den Passanten den blanken Hintern. Die 1907 erbaute Brücke führt über den Stadtgraben auf eine Grünanlage zu. In ihrer Mitte steht das Wahrzeichen der Stadt, das 1464–78 errichtete **Holstentor** ❷. Ein markanter Stufengiebel bekrönt den Mittelteil, über dem Torbogen verkündet der Schriftzug *Concordia Domi Foris Pax*, ›Eintracht drinnen, draußen Frieden‹, das Motto der Stadt. Beidseits flankieren zwei wuchtige Rundtürme das Tor, ihre hoch aufragenden Kegeldächer sind mit Schiefer gedeckt. Hinter den Mauern zeigt das *Museum Holstentor* (Holstentorplatz, Tel. 04 51/ 122 41 29, www.die-luebecker-museen.de, Jan.–März Di–So 11–17, April–Dez. tgl. 10–18 Uhr) neben Schiffsmodellen und Waffen düstere spätmittelalterliche Folterinstrumente. Hinter dem Tor lohnt sich ein Blick nach rechts auf die **Salzspeicher** ❸ am Ufer der Stadt-Trave, sechs schmale, im 16.–18. Jh. erbaute Giebelhäuser. In ihnen wurde das ›weiße Gold‹ zwischengelagert, welches aus Lüneburg, später aus Spanien und Portugal eingeführt

und zum Einsalzen von Heringen nach Skandinavien weiterverkauft wurde.

Den Nordosten des zentralen **Marktplatzes** beherrscht das über Eck gebaute **Rathaus** 4 (Breite Straße 64, Tel. 04 51/122 10 05, Führungen Mo–Fr 11, 12, 15, Sa/So 13.30 Uhr) mit eleganten Arkadengängen. Seine heutige Form erhielt es durch An- und Umbauten eines dreigiebligen Versammlungsgebäude von 1230. Die **Südfassade** wurde als Schauwand mit drei Türmchen und zwei großen Windlöchern konzipiert. 1571 setzte jedoch der Baumeister *Hans Fleminck* der rotbraunen Backsteinfront auf der gesamten Breite eine eigentlich unpassende *Renaissancelaube* aus hellem Sandstein vor. Rechts schließt sich im rechten Winkel das im 13./14. Jh. aus dunklen, fast schwarzen Ziegeln errichtete, durchgehend auf Rundbögen ruhende **Lange Haus** an, das wegen seines Ballsaales im 1. Stock auch *Danzelhus* genannt wird. Ihm folgt der gleichartige, Mitte des 15. Jh. angebaute **Kriegsstubenbau** mit spitz zulaufenden Rundtürmchen auf dem Dach. Seine Ostfassade ziert zur Breiten Straße hin eine *Prunktreppe* im Stil der Renaissance aus Sandstein, ein meisterhafter Nachbau (1894) des beschädigten Originals von 1594. Nördlich von ihr gelangt man wieder zum Hauptbau, dessen 1. Stock der 38 m lange, im 18. Jh. von Stefano Torelli mit allegorischen Wandgemälden ausgeschmückte **Audienzsaal** einnimmt. Vielleicht dringt während langer Sitzungen des Stadtrates im dahinterliegenden Roten Saal zuweilen ein köstlicher Duft durch die geöffneten Fenster, der aus dem weltberühmten **Marzipanhaus Niederegger** 5 (Breite Str. 89, Tel. 04 51/530 11 26, www.niederegger.de, Mo–Fr 9–19, Sa 9–18, So 10–18 Uhr) herüberweht. Eine kleine Ausstellung im *Marzipan-Salon* über dem Café zeigt u. a. wie das Rezept für das süße *Marci panis*, das Brot des Markus, vor mehr als 400 Jahren aus dem Vorderen Orient über Venedig nach Lübeck kam.

St. Marien und Buddenbrookhaus

Nördlich vom Rathaus überragen die beiden je 125 m hohen Vierecktürme der 1250–1350 erbauten Backsteinkirche **St. Marien** 6 (Schüsselbuden 13, Tel. 04 51/773 91, April–Sept. tgl. 10–18, Okt. tgl. 10–17, Nov.–März tgl. 10–16 Uhr) die Stadt. Ihre schlanke, spitz zulaufende Form greift der 30 m hohe Dachreiter auf, der das Satteldach des *Mittelschiffs* schmückt. Dieses gilt mit einer Höhe von 40 m als das weltweit höchste Backsteingewölbe. Es wird von außen liegenden Strebepfeilern gestützt, die aus den Dächern der beiden niedrigeren Seiten-

TOP TIPP

Süße Verlockung: Lübecker Marzipan ist ein klassischer Exportschlager der Hansestadt

schiffe und des im Osten umlaufenden Chors emporwachsen. Der Aufbau war Vorbild für viele Kirchen der Backsteingotik im Ostseeraum.

Die Marienkirche war die Antwort des reichen Lübecker Bürgertums auf den von der Amtskirche erbauten Dom (s. u.) und demonstrierte auch kaufmännisches Selbstbewusstsein. Leider ging viel von der kostbaren **Innenausstattung** während des Zweiten Weltkrieges verloren. Die *Glocken*, die nach der Bombennacht 1942 von den ausgebrannten Türmen herabstürzten, sind als Mahnmal gegen den Krieg noch immer im geborstenen Steinfußboden zu sehen. Zu den erhaltenen Schätzen gehören ein wunderbarer geschnitzter *Marienaltar* aus Antwerpen von 1518, das 10 m hohe bronzene *Sakramentenhaus* sowie eine *Bronzetaufe* von 1337. Die 1968 zusammengefügte *Orgel* gilt als das größte Instrument ihrer Art mit mechanischer Traktur. Auf ihrer im Krieg beschädigten Vorgängerin hatte im 17./18. Jh. der Lübecker Kirchenorganist und Komponist *Dietrich Buxtehude* Konzerte gegeben. Um die zu hören, wanderte 1705 sogar Johann Sebastian Bach tagelang zu Fuß vom thüringischen Arnstadt nach Lübeck.

Nördlich der Marienkirche steht das **Buddenbrookhaus** 7 (Mengstraße 4, Tel. 04 51/122 42 40, www.buddenbrookhaus.de, Jan.–März tgl. 11–17, April–Dez. tgl. 10–18 Uhr). Das großbürgerliche Stadthaus mit Rokoko-Fassade und geschwungenem Giebel gehörte den Großeltern des Schriftstellers **Thomas Mann**. Seine als Kind gesammelten Eindrücke finden sich in dem nobelpreisgekrönten Erfolgsroman *Buddenbrooks* (1901) wieder. In der Ausstellung ›Die Buddenbrooks – ein Jahrhundertroman‹ sind dem Mobiliar in der Beletage einzelne Zettel mit Textstellen aus dem Roman zugeordnet. Das geschriebene Wort wird so vor den Augen des Besuchers lebendig. Im Erdgeschoss informiert ›Die Manns – eine Schriftstellerfamilie‹ anhand von Bild-, Film- und Tondokumenten über das intellektuelle Wirken der Manns über Generationen hinweg. Im Zentrum stehen dabei die beiden Brüder Heinrich (1871–1950) und Thomas (1875–1955) Mann.

Lübeck und die Buddenbrooks

Der Roman hatte ihn in Lübeck bekannt, aber nicht unbedingt beliebt gemacht. Vielen Lübecker Kaufleuten war der Blick hinter die Kulissen zu indiskret gewesen. Die Bigotterie und die kleinen Geheimnisse, die man lieber für sich behielt, wurden offen zur Schau gestellt. Hier hatte einer geschrieben, der wusste wovon er sprach, der Spross einer Patrizierfamilie, ein ›Nestbeschmutzer‹ also. Bald kursierten in Lübeck **Entschlüsselungslisten**, wer in der Stadt für Figuren und Charaktere im 1901 erschienenen Roman **›Buddenbrooks‹** die Vorlage abgegeben haben könnte. **Thomas Mann**, Sohn eines Lübecker Großkaufmanns und Bruder des Schriftstellers **Heinrich Mann**, erhielt 1929 für sein Gesellschaftsbild vom Verfall einer Lübecker Patrizierfamilie den **Nobelpreis** für Literatur. Außer zum Buddenbrookhaus, einst Wohnort der Großeltern, kann man mit dem Roman in der Hand zu manchen von dessen **Handlungsschauplätze** in der Lübecker Innenstadt wandern: zum Theater in der Beckergrube etwa, zum Rathaus, zu den Speichern an der Trave oder zur Reformierten Kirche. Die Gebrüder Mann lebten während der NS-Zeit in der Emigration, zuletzt in den USA. Thomas Mann, der 1891 aus Lübeck fortgezogen war, kehrte 80-jährig, inzwischen in der Schweiz wohnend, kurz vor seinem Tod (1955) ein letztes Mal nach Lübeck zurück, um die Ehrenbürgerwürde netgegenzunehmen. An der Trave hatte man endlich Frieden mit dem größten Sohn der Stadt geschlossen.

Das Buddenbrookhaus – die Welt des Romans präsentiert sich hier zum Anfassen

Weit und licht öffnet sich das gewaltige Langhaus von St. Marien

Breite Straße bis Glockengießerstraße

Entlang der Breiten Straße wechseln sich moderne Bauten mit historischen Wohn- und Geschäftshäusern ab. Das mit einem dekorativen Staffelgiebel geschmückte Versammlungshaus der **Schiffergesellschaft** 8 beispielsweise stammt aus dem Jahr 1535 und ist das einzige erhaltene Gildehaus der Stadt. Es beherbergt heute ein stimmungsvolles Fischrestaurant mit einem rege besuchten Kapitänsstammtisch [s. S. 121]. Zum rustikal-maritimen Ambiente tragen nicht zuletzt die Schiffsmodelle bei, die von der original erhaltenen Balkendecke aus dem 16. Jh. hängen.

Gegenüber ragt der von einem achteckigen Aufsatz mit vier Kupferkugeln bekrönte Turm von **St. Jakobi** 9 (Jakobikirchhof 5, Tel. 04 51/308 01 15, April Di–So 10–16, Mai–Sept. tgl. 10–18, Okt. Di–So 10–18, Nov.–März Di–So 10–15 Uhr) in den Himmel. Die 1227 gegründete und 1335 neu erbaute dreischiffige *Kirche der Seeleute* ist mit ornamentalen Fresken des 14. Jh. ausgemalt. In der **Pamir-Kapelle**, seit 2007 *Nationale Gedenkstätte für die zivile Seefahrt*, erinnert ein zersplittertes Rettungsboot an die Seeleute, die von ihrer Fahrt nicht heimkehrten. Es gehörte zum Segelschulschiff *Pamir*, das 1957 bei einem Sturm vor den Azoren mit der gesamten Mannschaft unterging. Unter der Kapelle befindet sich eine Urnengrabstätte für Seefahrer.

Östlich davon fanden in der Großen Burgstraße bis ins 20. Jh. hinein Arme, Kranke und Pflegebedürftige im **Heilig-Geist-Hospital** 10 (April–Sept. Di–So 10–17, Okt.–März Di–So 10–16 Uhr) am Koberg eine Unterkunft. Die Einrichtung wurde

Kostbare Instrumente sind im Musikzimmer des Museums Behnhaus Drägerhaus zu sehen

1227 von der Kaufmannsschaft gegründet. Zur Straße hin liegt hinter der Backsteinfassade, die fünf schlanke Turmspitzen krönen, eine frühgotische dreischiffige **Hallenkirche** mit kunstvoll verzierten Sterngewölben. Durch den lichten Raum den wundervolle *Heiligenfresken* aus des 14. Jh. zieren, erreicht man den im rechten Winkel dahinter angelegten, knapp 90 m langen Schlafsaal der Spitalbewohner. Er nimmt, neben Aufenthaltsräumen und Gemeinschaftsküchen, den Großteil des **Langen Hauses** ein. Die entlang der Saalmauern angeordneten Schlafkammern für je eine Person, winzige Kabäuschen mit Bett, Schränkchen und Waschgelegenheit, sind erst 1820 entstanden.

Im Norden der Altstadt beim *Burgtor* liegt die bedeutendste mittelalterliche Klosteranlage in ganz Norddeutschland. Das **Burgkloster** 11 (Hinter der Burg 2–6, Tel. 0451/1224195, www.die-luebecker-museen.de, Jan.–März Di–So 11–17, April–Dez. Di–So 10–17 Uhr) wurde 1229 von den Dominikanern gegründet, diente nach der Reformation bis Ende des 19Jh. als Armenhaus, zu Ausgang des 19. Jh. war es dann Gericht und Gefängnis und ist heute *Kulturforum*. Zu besichtigen sind über die historischen Räumlichkeiten hinaus Ausstellungen zu Kunst und Kulturgeschichte sowie das **Museum für Archäologie** im ehem. Beichthaus, das den Alltag der Lübecker im Mittelalter präsentiert.

Einen Besuch lohnt auch die um 1300 für ein Franziskanerkloster erbaute ehem. Kirche **St. Katharinen** 12 (Königstr./Ecke Glockengießerstraße, Tel. 0451/1224137, www.die-luebecker-museen.de, April–Sept. Di–So 11–17 Uhr). Der zweischiffige Backsteinbau beherbergt einige sakrale Kunstwerke. In den Nischen über dem Eingang beeindrucken neun lebensgroße Terrakotta-Figuren. Die drei linken – *Frau im Wind*, *Bettler auf Krücken* und *Singender Klosterschüler* – schuf Ernst Barlach Anfang der 1930er-Jahre, die restlichen sechs, z. B. *Kassandra* oder *Mutter und Kind*, stammen von Gerhard Marcks (1947/48). Der größte Schatz der Museumskirche ist das Gemälde *Erweckung des Lazarus* von Tintoretto (1576). Mittlerweile werden die Räumlichkeiten der Kirche für Wechselausstellungen und Veranstaltungen genutzt.

Es lohnt sich, durch die malerische **Glockengießerstraße** 13 zu bummeln. Sie ist von 28 Stiftshöfen und -gängen gesäumt, deren Backsteingebäude reiche Kaufleute für Bedürftige gestiftet haben. Durch das breite Portal des dreistöckigen *Füchtingshofes* von 1638 (Nr. 23–27) erreicht man den von Wohngebäuden gesäumten Innenhof. Mit blühenden Rosenstöcken und weißen Bänken ist er ein beliebtes Fotomotiv, ebenso wie seine ›Nachbarn‹ *Ilhornstift* (Nr. 39), *Glandorpsgang* (Nr. 41–43), *Glandorpshof*

(Nr. 45–53) oder der *Haasenhof* in der parallel verlaufenden Dr.-Julius-Leber-Straße 37–39. Im **Günter Grass-Haus** 14 (Glockengießerstr. 21, Tel. 04 51/122 42 30, www.guenter-grass-haus.de, Jan.–März Di–So 11–17, April–Dez. tgl. 10–17 Uhr) verdeutlichen Zeichnungen, Aquarelle und Skulpturen die künstlerische Vielfältigkeit des Literaturnobelpreisträgers. Sein Sekretariat befindet sich ebenfalls in dem Gebäude. Nahebei informiert das **Willy-Brandt-Haus Lübeck** 15 (Königstr. 21, Tel. 04 51/122 42 50, www.willy-brandt-luebeck.de, Jan.–März Di–So 11–17, April–Dez. tgl. 10–18 Uhr) über Leben und Wirken des ehem. Bundeskanzlers und Friedensnobelpreisträgers, der 1913 in Lübeck unter dem Namen Herbert Frahm geboren wurde.

Zwei mit klassizistischer Fassade geschmückte Kaufmannshäuser aus dem 18. Jh. beherbergen das **Museum Behnhaus Drägerhaus** 16 (Königstr. 9-11, Tel. 04 51/122 41 48, www.die-luebecker-museen.de, Jan.–März Di–So 11–17, April–Dez. Di–So 10–17 Uhr). Es präsentiert Malerei und Plastik des 19. Jh. sowie der Klassischen Moderne. Zu der umfangreichen Sammlung gehören Arbeiten von Johann Friedrich Overbeck und den Nazarenern, Caspar David Friedrich, Johan C. C. Dahl, Max Liebermann, Edvard Munch sowie Ernst Ludwig Kirchner. Zugleich erhält der Besucher einen interessanten Einblick in die Wohnkultur des aufstrebenden Bürgertums. Von dessen Wohlstand zeugen im *Behnhaus* die größte Diele Lübecks und die klassizistischen Flügelräume mit Mobiliar aus dem 18./19. Jh. Ihre ganze architektonische Pracht entfaltet zudem im *Drägerhaus* eine einzigartige Festraumfolge, die sich im Stil des Spätbarock bzw. in Rokokoformen präsentiert.

St. Annen, Dom und Gängeviertel

Im Süden der Lübecker Altstadt sollte man zunächst einen Blick in die schlichte **Aegidienkirche** 17 (Aegidienstr. 75, Tel. 04 51/70 56 22, Di–Sa 10–16 Uhr) werfen. Der im 14. und 15. Jh. für die Handwerker und Kämmerer der Stadt errichtete dreischiffige Hallenbau birgt im Inneren außer wertvollen gotischen Wandmalereien im Chor und in der Turmhalle Schätze des Barock und der Renaissance, wie die Orgel und den geschnitzten Singchor (1587) von Tönnies Evers d. J.

Weiter südlich ist ein ungewöhnliches Ensemble aus zeitgenössischer und gotischer Architektur entstanden. Über die 2003 vollendete Kunsthalle [s. S. 120] gelangt man ins **St. Annen-Museum** 18 (St. Annen-Str. 15, Tel. 04 51/122 41 37, www.die-luebecker-museen.de, Jan.–März Di–So 11–17, April–Dez. Di–So 10–17 Uhr), das in einem 1502 erbauten ehem. Augustinerinnenkloster eingerichtet worden ist. Im Zuge der Reformation wurde es bereits 1532 wieder aufgelöst. Das hoch aufragende Backsteingebäude diente als Waffenlager, Armenhaus und Gefängnis, bis

Sakrale Schätze wie diesen Flügelaltar (1491) von Hans Memling zeigt das St. Annen-Museum

es 1875 in weiten Teilen abbrannte. Erhalten blieben Kreuzgang, Kapitelsaal und Remter, wo bedeutende mittelalterliche Sakralkunst zu sehen ist. Die *Gemälde-* und *Figurensammlung*, darin eine steinerne Madonna von Johannes Junge (1420) ist überaus reich. Außerdem sind hier zahlreiche *Schnitzaltäre* zu bewundern, auch Meisterwerke großer Maler zwischen Spätgotik und Frührenaissance wie Hans Memling oder die Brüder Altdorfer. Die obere Etage des Museums wird nach Umgestaltung im Winter 2011 wieder vollständig zu besichtigen sein.

Der moderne kubische Bau der **Kunsthalle St. Annen** (gleiche Öffnungzeiten) erhebt sich auf dem Gelände der ehem. Klosterkirche. Hier werden die Sammlungsbestände nach 1945 des *Museums für Kunst und Kulturgeschichte* sowie Wechselausstellungen präsentiert.

Im Lübecker Dom zieht das prachtvoll geschnitzte Triumphkreuz die Blicke auf sich

Der wuchtige **Dom** 19 (Mühlendamm 2–6, Tel. 0451/74704, www.domzuluebeck.de, April–Okt. tgl. 10–18, Nov.–März tgl. 10–16 Uhr), aus dem allgegenwärtigen Backstein errichtet, liegt am Südrand der Altstadt, die beiden massigen, 115 m hohen Vierecktürme mit den spitz zulaufenden Helmen weisen den Weg. Heinrich der Löwe begründete die dreischiffige Basilika 1173 als Bischofskirche, die geistlichen Herren zogen aber gegen 1300 nach Eutin um. Das **Innere** des Gotteshauses betritt man etwa in der Mitte der nördlichen Längsseite, und zwar über die 1260 errichtete Vorhalle, das *Paradies*. Das nun quer vor dem Besucher liegende Mittelschiff des Doms ist stolze 130 m lang, im Zusammenspiel mit dem bis zu

20 m hohen Gewölbe entsteht ein gewaltiger Raumeindruck. Passend dazu erhebt sich vor dem Lettner das auffälligste Kunstwerk der Kirche: das 17 m aufragende, 1477 fertig gestellte spätgotische *Triumphkreuz* des Lübecker Bildschnitzers und Malers Bernt Notke. Es ist als blätterumrankter Lebensbaum gestaltet und wird von Figurengruppen (die Stifter, Maria und Johannes, Adam und Eva) flankiert. Das Ensemble ist meisterhaft geschnitzt und farbig gefasst.

Der weitere Stadtbummel führt vom Dom nordwärts durch die schmalen Straßen und Wege des **Gängeviertels** 20. Am Malerwinkel führt die Dankwartsbrücke über die Stadt-Trave, allerdings können hier nur Fußgänger den Fluss überqueren. Die Szene bietet einen ebenso romantischen Anblick wie beispielsweise die pittoreske Straße *Große Petersgrube*. In ihr sind Kaufmannshäuser des 15.–19. Jh. zu finden, gotische Stufengiebel ebenso wie klassizistische Fassaden. Ein Abstecher in das nahe gelegenene originelle **TheaterFigurenMuseum Lübeck** 21 (Kolk 14, Tel. 04 51/786 26, www.tfm-luebeck.com, Apr.–Okt. tgl. 10–18, Nov.–März Di–So 11–17 Uhr)) freut nicht nur Kinder. Die ausgezeichnete Sammlung umfasst mehr als 1000 Theaterfiguren, darunter Stab-, Hand- und Stockpuppen aus aller Welt, Schattenspielfiguren, Kulissen, Kostüme sowie alte Drehorgeln. Und gleich nebenan inszeniert das **Figurentheater Lübeck** ebenfalls allerlei Puppenspielerisches.

Zum Schluss bietet sich ein Besuch der Kirche **St. Petri** 22 (Petrikirchhof, Tel. 04 51/ 39 77 30, Di–So 11–16 Uhr) an. Die 1450–1519 erbaute gotische Hallenkirche brannte 1942 aus. Umfassend renoviert, ist sie heute Ausstellungs- und Konzertraum. Die meisten Gäste zieht es jedoch auf die 50 m hoch gelegene, auch per Lift erreichbare **Aussichtsplattform** (April–Sept 9–21, Okt.–März 10–19 Uhr) im 108 m hohen Viereckturm, von der sich eine prächtige Aussicht bietet.

i Praktische Hinweise

Information

Lübeck und Travemünde Marketing, Holstentorplatz 1, Lübeck, Tel. 04 51/889 97 00, www.luebeck-tourismus.de

Museumshotline, Tel. 018 05/92 92 00 (0,14 €/Min.). Allgemeine Informationen zu den Museen und Buchungen.

Schiff

Quandt Linie Lübeck, Willy-Brandt-Allee 13, Lübeck, Tel. 04 51/777 99, www.quandt-linie.de. Ausflugsschiffe für Trave- und Hafenrundfahrten (mehrere Anleger, z. B. gleich hinter dem Holstentor an der Stadt-Trave).

Reederei Cityschiffahrt H. G. Gabriel, Wallstr. 17, Lübeck, Tel. 04 51/296 34 24, www.cityschifffahrt.de. Stadt-, Hafen- und Kanalrundfahrten (Anleger: An der Untertrave).

Hotels

********Kaiserhof**, Kronsforder Allee 11–13, Lübeck, Tel. 04 51/70 33 01, www.kaiserhof-luebeck.de. Komfortables Hotel in mehreren benachbarten Patrizierhäusern.

*****Klassik Altstadt**, Fischergrube 52, Lübeck, Tel. 04 51/70 29 80, www.klassik-altstadt-hotel.de. Im historischen Zentrum gelegenes Haus mit klassisch-bürgerlichem Ambiente.

****Zur Alten Stadtmauer**, An der Mauer 57, Lübeck, Tel. 04 51/737 02, www.hotelstadtmauer.de. Freundliches, ruhiges Altstadthotel.

Restaurants

Roberto Rossi, Mengstr. 48–52, Lübeck, Tel. 04 51/720 11, www.schabbelhaus.de. Im Schabbelhaus, einst Kaufmann- und Konditorhaus aus dem 16. Jh., serviert man feinste holsteinische Küche mit mediterranem Einschlag (So geschl.).

Schiffergesellschaft zu Lübeck, Breite Str. 2, Lübeck, Tel. 04 51/767 76, www.schiffergesellschaft.de. Traditionsrestaurant im rustikalen Zunfthaus der Kapitäne.

TOP TIPP **Wullenwever**, Beckergrube 71, Lübeck, Tel. 04 51/70 43 33, www.wullenwever.de. Raffinierte Geschmacksharmonien genießt man in dem schönen Patrizierhaus des 16. Jh. (So/Mo geschl.).

Theater

Figurentheater Lübeck, Kolk 20-22, Lübeck, Tel. 04 51/700 60, www.figurentheater-luebeck.de. Marionettenzauber für Groß und Klein.

Theater Lübeck, Beckergrube 16, Lübeck, Ticket-Tel. 04 51/39 96 00, www.theaterluebeck.de. Rühriges Bühnenleben, repräsentative Theater zwischen Tradition und Avantgarde.

Kreis Herzogtum Lauenburg – zauberhafte Seenlandschaft

Eine Gegend, die der Seele guttut, erstreckt sich südlich von Lübeck bis Lauenburg am Ufer der Elbe. Mehr als **80 Seen**, eingebettet in eine sanfthügelige und waldreiche Region, prägen hier das bei aller Harmonie abwechslungsreiche Landschaftsbild. Immer wieder ragen Kirchtürme inmitten malerischer alter Dörfer auf, und entlang uralter Handelsstraßen locken historische Städte wie **Ratzeburg**, **Mölln** und **Lauenburg** zu einem stimmungsvollen Bummel. Der gesamte Kreis Herzogtum Lauenburg ist ein Paradies für **Wanderer** und **Radfahrer**, die zahlreiche Routen aus einem Netz von insgesamt 800 km markierten Wegen wählen können. Besonders der **Naturpark Lauenburgische Seen** sowie der ausgedehnte **Sachsenwald** östlich von Hamburg ziehen Besucher und Naturfreunde an.

45 Ratzeburg

Domstadt zwischen zwei Seen.

Die ursprünglich wendische *Racesburg* auf einer ufernahen Insel im Süden des Ratzeburger Sees wurde 1062 erstmals urkundlich erwähnt, als Kaiser Heinrich IV. sie dem sächsischen Herzog Otto Ordulf übergab. Ein am St. Georgsberg bereits um 1044 gegründetes benediktinisches **Missionarskloster** wurde bei dem Aufstand der heidnischen Slawen 1066 zerstört, wobei Abt Ansverus und 18 seiner Brüder den Tod fanden. Nach erfolgter Christianisierung ließ der Braunschweiger Herzog Heinrich der Löwe für das neue *Bistum* 1160 neben der alten Burg einen Dom errichten, dessen Bau 1220 abgeschlossen war. Rings um die Kirche ließen sich Handwerker und Händler nieder, die so entstandene Siedlung wurde Ende des 13. Jh. zur Stadt erhoben. Im Laufe der Jahrhunderte erlebte Ratzeburg eine Reihe von **Zerstörungen**, Ende des 17. und Anfang des 19. Jh. durch die Dänen. Von der historischen Bausubstanz blieben der Dom sowie einige Straßenzüge erhalten, die überwiegend aus dem 18. und 19. Jh. stammen.

Längst hat sich das Stadtgebiet von Ratzeburg über die schmale Landbrücke zwischen dem Ratzeburger See und dem kleineren Küchensee ausgebreitet. Die **Altstadt** auf der Insel wird von dem auf einem Hügel aufragenden, gedrungen wirkenden **Ratzeburger Dom** (Tel. 045 41/34 06, www.ratzeburgerdom.de, Mai–Sept. tgl. 10–18, Okt.–April Di–So 10–16 Uhr, Führung nach Anmeldung) be-

Der Dom prägt die Silhouette – links davon das Palais der Lauenburger (Kreismuseum) ▷

herrscht. An den Stifter, Heinrich den Löwen, erinnert rechts vom Eingang zum Domgelände ein bronzener Löwe. Schon von außen beeindruckt die dreischiffige romanische Backsteinbasilika mit einer Fassadengliederung aus Lisenen, Sockeln und Friesen. Vor allem die dem Eingang vorgebaute **Südervorhalle** ist mit Ziegeldekorationen reich geschmückt: Der dreieckige Giebel zeigt Fischgrätmuster, Stäbe, Ähren und eine vorgeblendete Rosette. Im **Innern** wird der Raumeindruck vom 17 m hohen **Mittelschiff** beherrscht. Rechter Hand öffnet sich die zweistöckige, *Lauenburger Chor* genannte Emporenloge der Herzöge von Sachsen-Lauenburg, die im 17. Jh. als Landesherren in Ratzeburg residierten. Schräg gegenüber fällt die reich geschnitzte *Emporenkanzel* mit Schalldeckel auf (1576). Ein Relief an der Rückwand zeigt ein Porträt Georg Uslers, des ersten hier wirkenden evangelischen Predigers.

Vor dem etwas erhöhten **Chor** mit seinem um 1200 entstandenen prächtigen Gestühl erheben sich die Figuren der *Kreuzigungsgruppe* von 1260. Dahinter steht der recht klein wirkende *Flügelaltar*. Sein Mittelteil (15./17. Jh.) zeigt in Sandstein, Holz und Silber Passionsszenen, Heiligen- und Apostelfiguren sowie Christus als *Salvator mundi*, als Erlöser der gesamten Welt.

Von 1629 stammt der barocke *Altar* aus Alabaster, Marmor und Sandstein im **südlichen Querschiff**. Seine figurenreichen Reliefs gruppieren sich in Kreuzform um die Szene des Letzten Abendmahls. Sie zeigen in der Horizontale die Geburt und Auferstehung Jesus, in der Vertikale Kreuzigung und Pfingstwunder. Gegenüber, im **nördlichen Querschiff**, ragt das *Epitaph des Herzogs August von Sachsen-Lauenburg und seiner Gemahlin Katharina* hoch auf. Das Grabmal von 1649 mit seinen fließenden Ornamenten gilt als Meisterwerk des norddeutschen Knorpelstils.

Nördlich davon liegt der **Kreuzgang** aus dem 13. Jh. Er gehört zum nur noch in Resten erhaltenen *Domkloster*, das einst die Prämonstratenser unterhielten. Der kreuzrippenüberwölbte Umgang mit seinen farbenfrohen *Fresken* aus dem 14. Jh. umschließt auf drei Seiten den an die Kirche anschließenden **Klosterhof**. Blickfang ist hier eine Kopie der Plastik *Bettler an Krücken* von Ernst Barlach; das Original ist an der Lübecker Katharinenkirche zu sehen.

Nahe des Braunschweiger Löwen vor dem Dom fällt ein dreiflügeliges Backsteingebäude mit weiß umrahmtem Mittelrisalit auf. Dieses Ende des 18. Jh. entstandene ehem. Herrenhaus der Lauenburger Herzöge beherbergt heute das **Kreismuseum Herzogtum Lauenburg** (Domhof 12, Tel. 045 41/860 70, www.kmrz.

de, Di–So 10–13 und 14–17 Uhr). Seine reich mit Stuck im Stil des Rokoko verzierten Räume bilden die stimmungsvolle Kulisse für Gemälde und viellerlei Schauobjekte zu Landesgeschichte und Volkskunde. Nebenan residiert im Fachwerkbau der ehem. Domkurie das **A. Paul-Weber-Museum** (Domhof 5, Tel. 045 41/86 07 20, www.weber-museum.de, Di–So 10–13 und 14–17 Uhr). Es zeigt Arbeiten des 1893 in Ratzeburg geborenen Lithographen und Zeichners A(ndreas) Paul Weber († 1980) mit satirischer Ausrichtung.

Den Platz **Am Markt** im Zentrum der Ratzeburger Altstadt säumen klassizistische Fassaden, z. B. der *Alten Wache*, der ehem. *Regierungskanzlei* sowie des *Alten Rathauses*. Wenige Schritte weiter südwestlich ist seit 1956 das **Ernst-Barlach-Museum Ratzeburg** (Barlachplatz 3, Tel. 041 03/91 82 91, www.ernst-barlach.de, Di–So 11–17 Uhr) eingerichtet. Der ebenfalls klassizistische Fachwerkbau mit dem charakteristischen Walmdach wird auch *Altes Vaterhaus* genannt, da der Bildhauer und Grafiker Barlach (1870–1938) hier von 1878–84 gelebt hat. Die Ausstellung zeigt Zeichnungen, Plastiken und Holzschnitte dieses expressionistischen Künstlers, der auf dem Vorstädter Friedhof von Ratzeburg begraben liegt.

Im Sommer ist auf dem von Wäldern und Parks gesäumten *Ratzeburger See* viel Betrieb, es wird mit großer Begeisterung gebadet, gesegelt und gesurft. Auf dem etwas kleineren *Küchensee* sind zudem 2000 m als Regattastrecke für die Ruderer ausgewiesen. Hier – und ebenso im nicht weit entfernten Leistungszentrum der **Ruderakademie** (Domhof 37, Tel. 045 41/864 30, www.ruderakademie.de) trainieren die Mitglieder der deutschen Nationalmannschaft dieser klassischen olympischen Diszplin.

Praktische Hinweise

Information

Ratzeburg Information, Unter den Linden 1, Ratzeburg, Tel. 045 41/800 08 86, www.ratzeburg.de

Herzogtum Lauenburg Marketing und Service, Junkernstr. 7, Ratzeburg, Tel. 045 41/80 21 10, www.hlms.de

Schiff

Schifffahrt Ratzeburger See, Schlosswiese 6, Ratzeburg, Tel. 045 41/79 00, www.schiffahrt-ratzeburg.de. Mit den Ausflugsbooten kann man kreuz und quer über den See bis nach Rothenhusen schippern. Mit einer anderen Linie

◁ *Selige See-Lage: Wie ein Juwel strahlt Mölln*

kann man dann auf der Wakenitz weiter bis nach Lübeck fahren.

Hotels

****Seehof, Lüneburger Damm 1–3, Ratzeburg, Tel. 045 41/86 01 01, www.der-seehof.de. Kleines, in einem Naturschutzgebiet am Ufer des Küchensees gelegenes Hotel mit stimmungsvoller, in den See hineingebauter Caféterrasse.

***Farchauer Mühle, Farchauer Mühle 6, Farchau/Ratzeburg, Tel. 045 41/860 00, www.farchauer-muehle.de. Das gutbürgerliche Hotel mit Restaurant liegt idyllisch im Süden des Küchensees.

46 Mölln

Gemütliche Eulenspiegelstadt und Kneippkurort an der Salzstraße.

Aus Geldmangel verpfändeten die herzoglichen Landesherren von Sachsen-Lauenburg das bereits seit rund 150 Jahren bestehende Mölln 1359 an Lübeck. In dessen Besitz blieb die Stadt auf einer südöstlich in den Möllner See hineinragenden Halbinsel bis 1683. Zwei wichtige **Handelsrouten** verliefen damals über Mölln zur ›Königin der Hanse‹: die *Alte Salzstraße* und der 1398 fertig gestellte *Stecknitzkanal*. Auf beiden Wegen mussten die Kaufleute nun im aufblühenden Mölln beim dort stationierten Lübecker Stadthauptmann Zoll entrichten.

Von der inzwischen zum **Elbe-Lübeck-Kanal** ausgebauten Wasserstraße aus zeigt sich Möllns Stadtsilhouette ausgesprochen malerisch: Auf einer Hügelkuppe über den dicht gedrängten, mittelalterlichen Gebäuden erhebt sich die 1200–50 entstandene, romanisch-gotische Kirche **St. Nikolai**. Eichen und Linden umgeben den massiven Backsteinbau und mildern seinen wuchtigen Eindruck. Die äußerlich schlichte, im **Inneren** reich mit *Wandmalereien* und geschnitztem Gestühl ausgestattete dreischiffige Basilika birgt im Mittelschiff ein auf einem Balken stehendes *Triumphkreuz* (15. Jh.) des Lübecker Bildhauers Bernt Notke. Im Zentrum des *Chores* steht der reich mit Heiligenfiguren geschnitzte barocke *Altar* von 1739. Links dahinter befindet sich ein gotischer *Figurenschrein*, der eine seltene Darstellung von Gottvater mit dem Leichnam Christi präsentiert. Daneben ist die *Piscina* aus dem 12. Jh. zu bewundern, das älteste Steinrelief der Kirche. Dargestellt ist Maria im Kreise von Heiligen.

Am hübschen, kopfsteingepflasterten **Marktplatz** liegt das gotische **Rathaus**. 1373 erbaut und knapp 100 Jahre später um eine offene *Gerichtslaube* ergänzt, fügt sich der mehrfach umgestaltete Backsteinbau harmonisch in das Ensemble historischer Fachwerkhäuser ein. In seinem Innern illustriert das **Möllner Museum** (Am Markt 12, Tel. 045 42/83 54 62, Mai–Okt. Di–Fr 10–13 und 14–17, Sa/So 11–17, Nov.–April Di–Fr 13–16, Sa/So 11–16 Uhr) vorwiegend mit Alltagsgegenständen die Geschichte der Stadt von 1750–1950.

Schräg gegenüber (gleiche Öffnungszeiten!) ist das **Eulenspiegelmuseum** dem berühmtesten zumindest zeitweiligen Möllner gewidmet – dem Possenreißer und hintergründigem Schelm *Till Eulenspiegel*. Der soll 1350 hierselbst gestorben sein, und ihm zu Ehren schuf der hiesige Bildhauer Karl-Heinz Goedtke 1951 die verschmitzt lächelnde Figur auf dem **Eulenspiegelbrunnen**.

Mölln ist auch ein bedeutender **Kurort**, in dem Gäste Anwendungen nach den Methoden des Pfarrers Sebastian Kneipp

Vorbild für alle Lausbuben von Michel aus Lönneberga bis Bart Simpson: Till Eulenspiegel

– von Armbädern bis zu Wechselgüssen erhalten. Wander- und Fahrradwege führen durch die Mischwälder der hügeligen, gewässerreichen Landschaft.

i Praktische Hinweise

Information

Städtische Kurverwaltung Mölln, Hindenburgstr., Kurzentrum, Mölln, Tel. 045 42/70 90, www.moelln.de

Hotel

Waldhalle, Waldhallenweg, Mölln, Tel. 045 42/858 80, www.waldhalle.de. Ferienwohnungen, Apartments und ein gutes Restaurant inmitten eines kleinen Waldgebiets mit Blick über den Kleinen Schmalsee.

Restaurants

Historischer Ratskeller, Am Markt 12, Mölln, Tel. 045 42/908 08 09, www.historischer-ratskeller-moelln.de. Köstlichkeiten der Region serviert das Lokal im Rathauskeller (Mo geschl.).

Waldhof auf Herrenland, östlich von Mölln nahe des Pinnsees, Tel. 045 42/21 15, www.hotel-waldhof.de. Sehr gute Wildgerichte. Das Klubzimmer mit offenem Kamin lädt zu einem Aperitif ein. Auch Gästezimmer.

Zum Weißen Ross, Hauptstr. 131, Mölln, Tel. 045 42/27 72, www.weissesross.com. Norddeutsche Küche. Fensterfront zum Stadtsee (Mo geschl.).

47 Naturpark Lauenburgische Seen

Idyllisches Wanderparadies, reich an Seen, Kanälen und Mooren.

1960 wurde der Naturpark Lauenburgische Seen eingerichtet, der heute rund 480 km² zwischen Ratzeburger, Möllner und Schaalsee umfasst. Die Naturidylle mit ihren 40 Seen bietet Gelegenheit zum Baden, Segeln oder Kanufahren. Die weitgehend bewaldeten oder von Schilfgürteln bewachsenen Ufer sind zudem idealer Lebensraum für die einheimische Fauna.

Der 15 km lange und bis zu 6 km breite **Schaalsee** bedeckt eine Fläche von 23 km² und ist bis zu 72 m tief. Seine bis zu 25 m hohen Steilufer wechseln mit sandigen Buchten oder aber flachen Schilfgürteln, in denen Fischotter, Kormorane, Seeadler und Kraniche zu Hause sind. Motorbootfahren ist hier verboten – und auch das Schwimmen eingeschränkt: Zu den wenigen öffentlichen **Badestränden** am See gehört außer dem im mecklenburgischen Zarrentin auch derjenige im schleswig-holsteinischen **Seedorf**.

Hier beeindruckt die Backsteinkirche **St. Clemens–St. Katharinen** aus dem 13. Jh., mit ihren großflächigen, meist ebenso alten *Gewölbemalereien*. Im Chor z. B. fällt der überlebensgroße, an byzantinische Vorbilder erinnernde Christus in Auge, daneben eine ebenfalls monumentale Maria (15. Jh.). Ungewöhnlich als Kirchenschmuck ist die im Langhausgewölbe zu findende Abbildung einer Teufelsfigur.

Von dem Dorf Salem aus führen schöne **Wanderwege** am Piper- und Pfuhlsee entlang nach Dargow oder über den bewaldeten Seedorfer Werder nach Seedorf. Ein schmaler Pfad erlaubt den Zugang ins nordwestlich des Ortes gelegene Naturschutzgebiet **Salemer Moor**, das in lichten Birkenwäldern 2–5 m hohe Torfschichten aufweist.

i Praktische Hinweise

Information

Herzogtum Lauenburg Marketing und Service, Junkernstr. 7, Ratzeburg, Tel. 045 41/80 21 10, www.hlms.de

Hotel

Schoppenhof, Schaalseeufer 1, Dargow, Tel. 045 45/13 77, www.schoppenhof.de. Komfortable, günstige Ferienwohnungen und Apartments am See in ehem. Bauernhof. Mit Garten, Ponykoppel, Sauna, Fahrrad- und Bootsverleih.

Restaurants

Maräne, Dorfstr. 12, Groß Zecher, Tel. 045 45/13 71, www.restaurant-maraene. de. Beliebtes Fischrestaurant am Schaalsee, während der Saison (Mai–Sept.) wird Schaalseemaräne, eine schmackhafte Renkenart, zubereitet.

Zur Kutscherscheune, Lindenallee 15, Groß Zecher, Tel. 045 45/801, www.kutscherscheune.de. Ländliches Café und Restaurant mit Seeterrasse.

48 Lauenburg

Pittoreskes Schifferstädtchen am Steilufer der Elbe.

Bernhard von Askanien gründete 1182 auf einer Anhöhe über dem Nordufer der Elbe die Feste *Lavenburg*, gerade da, wo die *Alte Salzstraße* kreuzte. Parallel zu Letzterer wurde im Mittelalter mit dem **Stecknitzkanal** eine der ersten künstlichen Wasserstraßen Nordeuropas geschaffen. Auf dem 1398 fertig gestellten Kanal wurden um 1600 nahezu 1000 Schiffe pro Jahr getreidelt. Lauenburg profitierte ab dem 15. Jh. wirtschaftlich von dem regen Schiffsverkehr. An diese Blütezeit erinnert die **Palmschleuse** östlich der Stadt aus dem Jahre 1724, die als eine der ältesten gemauerten Kammerschleusen Europas gilt. Seit über 100 Jahren verbindet **Elbe-Lübeck-Kanal** Lauenburg mit der Ostseemetropole im Norden. Seine Bedeutung als Handelsweg wird inzwischen längst von der als beliebte Wasserstraße für vielerlei Freizeitboote übertroffen.

Den besten Blick auf die dicht gedrängten Fachwerkhäuser von Lauenburg und den spitzen, kupferbeschlagenen Turm der Maria-Magdalenen-Kirche hat man vom gegenüberliegenden, niedersächsischen Hohnsdorfer Elbdeich. Auf dem steilen Hang thronte einst das **Schloss** der askanischen Herzöge. Davon blieb nach einem schweren Brand 1616 nur noch der runde Backsteinturm. Auf ihm gewährt eine Aussichtsplattform einen schönen Blick auf Altstadt und Elbe. Ringsum breitet sich die moderne **Oberstadt** aus.

Kurvenreich verläuft der Weg zum alten Stadtkern am Elbufer, zur **Unterstadt**, deren kopfsteingepflasterte Gassen zum Bummel einladen. Es lohnt sich, die am Fluss entlangführende *Elbstraße* mit ihren *Fachwerkhäusern*, der *Alten Apotheke*, dem *Alten Schifferhaus* oder dem *Fährleutehaus* aus dem 16. und 17. Jh. entlangzuschlendern. In dem ebenfalls aus Backsteinen errichteten *Alten Rathaus* widmet sich das **Elbschifffahrtsmuseum** (Elbstr. 59, Tel. 041 53/59 99 35, www.elbschiffahrtsmuseum.de) der Entwicklung der hiesigen Flussschifffahrt. (*Bis etwa Anfang 2012 wird der Bau komplett saniert, Teile der Ausstellung sind in der Zwischenzeit in der Hitzler Werft, Bahnhofstr., zu sehen.*). Der historische Raddampfer ›Kaiser Wilhelm‹ legt regelmäßig zu Ausflugsfahrten ab. Direkt am Elbufer, beim alten Anleger, scheint **Der Rufer**, eine Bronzeplastik von Karl-Heinz Goedtke, einem Fährmann ein lautes ›Hol mi mol röber!‹ zuzurufen.

Die in ihren Ursprüngen aus dem frühen 13. Jh. stammende **Maria-Magdalenen-Kirche** diente im 16./17. Jh. als Grablege der Landesherren von Sachsen-Lauenburg. Daran erinnern die 18 teilwei-

Lauenburgs Altstadtcharme machen die schönen historischen Fachwerkhäuser aus

se mit reichen Gravuren versehenen *Metallsärge* in der herzoglichen Gruft. Im einschiffigen Kirchenraum führt das Ende des 15. Jh. entstandene Tafelbild *Lust der Welt* die Vergänglichkeit des Irdischen eindrucksvoll vor Augen. Es zeigt ein wohlhabendes Paar beim Tanz: einmal mit rosigen Wangen in der Blüte des Lebens und daneben als vom Tod gezeichnete Skelette.

i Praktische Hinweise

Information

Tourist-Information, Amtsplatz 4, Lauenburg/Elbe, Tel. 041 53/512 51, www.lauenburg.de

Schiff

Raddampfer Kaiser Wilhelm, Lauenburg, Tel. 041 53/512 51, www.raddampfer-kaiser-wilhelm.de. Das mit Kohle betriebene Museumsschiff nahm bereits um die Wende zum 20. Jh seinen Dienst auf – und es pendelt noch heute jeweils von Mai bis September an vielen Wochenenden auf der Elbe zwischen Lauenburg und dem niedersächsischen Hitzacker.

Hotels

Möller, Elbstr. 44–50, Lauenburg, Tel. 041 53/590 80, www.hotelmoeller.de. Freundliches Hotel gegenüber der Anlegestelle in einem Backsteinbau von 1561. Die meisten Zimmer bieten einen hübschen Elbblick.

Zum Alten Schifferhaus, Elbstr. 114, Lauenburg, Tel. 041 53/586 50, www.schifferhaus.de. Rustikales Fachwerkhaus direkt an der Elbe in einem malerischen Winkel der Altstadt gelegen, mit Restaurant.

Restaurants

Lauenburger Mühle, Bergstr. 17, Lauenburg, Tel. 041 53/58 90, www.hotel-lauenburger-muehle.de. In der alten Windmühle von 1873 ist neben dem Restaurant ein Museum eingerichtet In der Cafeteria erhält man Knuspriges aus dem Landbackofen.

Lindenhof, Johannes-Ritter-Str. 38, Geesthacht, Tel. 041 52/84 67 00, www.lindenhof-geesthacht.de. Regionale und internationale Küche in gepflegter Brasserie-Atmosphäre (So geschl.).

49 Sachsenwald

Ein Eiserner Kanzler und 1000 Schmetterlinge teilen sich den Wald.

Das unter Naturschutz gestellte Tal des Flüsschens *Bille* begrenzt mit Wiesen, Feuchtgebieten und herrlichem Baumbestand den Sachsenwald nach Westen, im Osten reicht dieser bis Schwarzenbek. Das mit 70 km² Ausdehnung größte zusammenhängende **Waldgebiet** Schleswig-Holsteins gehört der Familie Bismarck, seit Preußenkönig Wilhelm I. es Otto Fürst von Bismarck, dem *Eisernen Kanzler*, 1871 für dessen politische Verdienste geschenkt hatte. Nach seiner Entlassung als Reichskanzler 1890 durch Wilhelm II. lebte Bismarck bis zu seinem

In der Grander Mühle bei Kuddewörde werden regionale Spezialitäten aufgetischt

Eine stimmungsvolle Kulisse für Kunst und Kultur stellt das Reinbeker Schloss dar

Tod 1898 im *Sachsenwalder Schloss* bei **Friedrichsruh**. Das Herrenhaus ist nicht zu besichtigen, wohl aber das pompöse **Bismarck-Mausoleum**, die letzte Ruhestätte des Staatsmanns (April–Okt. Di–So 10–18, Nov.–März Mi, Sa/So 10–16 Uhr). Das **Bismarck-Museum** (Am Museum 2, Tel. 041 04/24 19, April–Okt. Di–So 10–18, Nov.–März Di–So 10–16 Uhr) zeigt Dokumente, Fotos und persönliche Gegenstände des Reichskanzlers – und auch die Otto-von-Bismarck-Stiftung betreibt vor Ort bei gleichen Öffnungszeiten (Am Bahnhof 2, www.bismarck-stiftung.de) eine Ausstellung zu dessen Leben und Werk.

Als unpolitische Attraktion von Friedrichsruh zieht der **Garten der Schmetterlinge** (Am Schlossteich 8, Tel. 041 04/60 37, www.garten-der-schmetterlinge.de, Mitte März–Okt Di–So. 10–18 Uhr) viele Besucher an. Im Glashaus sind im feuchtwarmen Klima Hunderte tropischer und einheimischer Falter zu Hause.

Reinbek, am westlichen Rand des Sachsenwaldes gelegen, gilt als attraktiver Wohn- und Arbeitsort im Grünen nahe von Hamburg. Besonders schön sind die in warmen Rot- und Brauntönen gehaltenen Backsteinmauern des zweistöckigen **Reinbeker Schlosses** (Tel. 040/727 34 60, www.schloss-reinbek.org, Mi–So 10–17 Uhr). Herzog Adolf von Holstein-Gottorf ließ es Mitte des 16. Jh. mit zwei Seitenflügeln im Stil der Renaissance errichten, verwitwete Herzoginnen zogen sich im 16./17. Jh. gern auf das ruhige Anwesen zurück. Die sorgfältg restaurierte Anlage wird heute von der Stadt als **Kulturzentrum** für Veranstaltungen und Ausstellungen genutzt. So finden im Innenhof vor den Arkaden bzw. in den weiten Sälen mit z. T. bemalten Deckenbalken im Sommer Konzerte des *Schleswig-Holstein Musik Festivals* statt.

i Praktische Hinweise

Information

Stadt Reinbek, Hamburger Str. 5–7, Reinbek, Tel. 040/727 50 00, www.reinbek.de

Hotel

*******Waldhaus Reinbek**, Loddenallee, Reinbek, Tel. 040/72 75 20, www.waldhaus.de. Elegante Herberge am Rande des Sachsenwaldes, mit Wellnessangeboten und ambitioniertem Restaurant.

Restaurants

Fürst Bismarck Mühle, Mühlenweg 3, Aumühle, Tel. 041 04/20 28, www.bismarckmuehle.de. Traditionsrestaurant in einer Wassermühle (16. Jh.). Gästezimmer mit antiken Möbeln (Mi geschl.).

Grander Mühle, Lauenburger Straße 1, Kuddewörde, ca. 12 km nordöstlich von Reinbek, Tel. 041 54/810 21, www.grandermuehle.de. Gemütliches Lokal in einer Kornmühle mit regionalen Spezialitäten. Freudlich eingerichtete Gästezimmer (Mo geschl.).

Schleswig-Holstein aktuell A bis Z

Vor Reiseantritt

ADAC Info-Service:
Tel. 018 05/10 11 12 (0,14 €/Min.)

Über diese Servicenummer oder bei den ADAC-Geschäftsstellen können ADAC-Mitglieder auch kostenloses **Informations- und Kartenmaterial** anfordern.

ADAC im Internet:
www.adac.de
www.adac.de/reisefuehrer

Schleswig-Holstein im Internet:
www.sh-tourismus.de
www.schleswig-holstein.de

Informationen über Ferienregionen in Schleswig-Holstein bieten:

Tourismus-Agentur Schleswig-Holstein, Wall 55, 24103 Kiel, Tel. 018 05/60 06 04 (0,14 €/Min.), www.sh-tourismus.de

Dithmarschen Tourismus, Markt 10, 25746 Heide, Tel. 04 81/212 25 55, www.dithmarschen-tourismus.de

Nordsee-Tourismus-Service, Zingel 5, 25813 Husum, Tel. 048 41/48 43, www.nordseetourismus.de

Schleswig-Holstein Binnenland Tourismus, Große Nübelstraße 31, 25348 Glückstadt, Tel. 041 24/60 83 28, www.schleswig-holstein-binnenland.de

Ostsee-Holstein-Tourismus, Strandallee 75 a, 23669 Timmendorfer Strand, Tel. 018 05/70 07 08 (0,14 €/Min.), www.ostsee-schleswig-holstein.de

Tourist-Information Nord-Ostsee-Kanal (TINOK), Schiffbrücken Galerie, 24768 Rendsburg, Tel. 043 31/211 20, www.tinok.de

Herzogtum Lauenburg Marketing und Service, Junkernstr. 7, 23909 Ratzeburg, Tel. 045 41/80 21 10, www.hlms.de

Allgemeine Informationen

Tourismusämter

Kommunale Tourismusbüros sind beim jeweiligen Ort unter **Praktische Hinweise** aufgeführt, regionale Tourismus-Agentouren (s.o.) liefern übergreifende Informationen.

Notrufnummern

Einheitlicher Notruf: Tel. 112 (EU-weit, auch mobil: Polizei, Unfallrettung, Feuerwehr)

ADAC Pannenhilfe: Tel. 018 02/22 22 22 (0,06 €/Anruf), Mobil: Tel. 22 22 22

ADAC-VerkehrsService: Mobil Tel. 224 11, e-plus Tel. 114 11 (individuell, 1,10 €/Anruf plus Verbindungskosten), aus dem Festnetz: Tel. 090 01 12 24 11 (1,39 €/Min.)

ADAC Stau-Info: Mobil 224 99 (automatisch, 0,51 €/Anruf plus Verbindungskosten)

Österreichischer Automobil Motorrad und Touring Club
ÖAMTC Schutzbrief Nothilfe:
Tel. 00 43/(0)1/251 20 00, www.oeamtc.at

Touring Club Schweiz
TCS Zentrale Hilfsstelle:
Tel. 00 41/(0)224 17 22 20, www.tcs.ch

Gezeiten

An der Nordseeküste beträgt der Tidenhub bis zu 3 m. Ebbe und Flut wechseln etwa alle 6 Std.

Kinder

Besucher bis 14 Jahre können sich bei Tourismusämtern den kostenlosen **Kinderpass** abholen. Er enthält viele Gutscheine, mit denen die Kleinen auf Ausflüge, Besichtigungen oder Schwimmbadbesuche Preisnachlässe erhalten.

Anreise

Auto

Von Süden führen zwei Autobahnen nach Schleswig-Holstein: die A1 von Nordrhein-Westfalen über Bremen und Hamburg nach Lübeck und Oldenburg sowie die A7 über Hannover und Hamburg nach Neumünster und Flensburg, mit einem Abzweig (A215) nach Kiel. Die A24 verbindet Berlin mit Hamburg. Von dort aus erreicht man die Nordseeküste am schnellsten über die A23, die von Hamburg über Itzehoe nach Heide führt.

Landschaftlich schöne Strecken sind die **Grüne Küstenstraße**, die sich von Amsterdam bis nach Skagen im Norden Dänemarks hinzieht, oder die **Deutsche Ferienstraße Alpen–Ostsee**, an der in Schleswig-Holstein reizvolle Orte wie Lauenburg, Mölln oder Lübeck liegen. Von Mecklenburg-Vorpommern aus führt die **Nordostdeutsche Hansestraße** über Stralsund, Rostock und Wismar nach Lübeck.

Bahn

Über Hamburg sind sowohl die Küstenregionen als auch Mittelholstein bis nach Flensburg mit der Bahn gut zu erreichen. Mehrere IC/EC-Züge fahren nach Sylt, von Niebüll aus kann man alle 60 bis 90 Minuten mit dem **DB AutoZug SyltShuttle** (www.syltshuttle.de) über den Hindenburgdamm Westerland erreichen. Die **CityNightLine** fährt von Zürich über Südwestdeutschland sowie von München direkt nach Hamburg (Tel. 018 05/ 14 15 14 (0,14 €/Min.), www.citynightline.de).

Fahrplanauskunft:

Deutschland
Deutsche Bahn, Tel. 018 05/99 66 33 (0,14 €/Min.), Tel. 08 00/150 70 90 (sprachgesteuert, gebührenfrei), www.bahn.de

Deutsche Bahn AutoZug, Tel. 018 05/99 66 33 (0,14 €/Min.), www.autozug.de

Nord-Ostsee-Bahn, Tel. 01 80/101 80 11, (Ortstarif), www.nord-ostsee-bahn.de

Österreich
Österreichische Bundesbahn, Tel. 05 17 17, www.oebb.at

Schweiz
Schweizerische Bundesbahnen, Tel. 09 00 30 03 00 (max. 0,68 €/Min.), www.sbb.ch

Flugzeug

In Schleswig-Holstein werden die Flughäfen **Lübeck** (Tel. 04 51/58 30 10, www.luebeckairport.com), **Sylt** (Tel. 046 51/ 92 06 12, www.flughafen-sylt.de) und **Helgoland** (Tel. 047 25/411, www.flughafen-helgoland.de) angeflogen. Letzterer liegt auf der vorgelagerten Düne, zwischen Terminal und Insel befördert eine Fähre die Passagiere.

Schiff

Einige Urlaubsziele in Schleswig-Holstein, wie die **Halligen**, sind nur mit dem Schiff zu erreichen. Autofähren verkehren auf die Nordseeinseln, nach **Amrum** und **Föhr** z.B. von Dagebüll oder Schlüttsiel aus. Das ganze Jahr über ist **Helgoland** mit dem Schiff etwa von Cuxhaven aus zu erreichen. Die **Tourismus-Agentur Schleswig-Holstein**, Tel. 018 05/60 06 04 (0,14 €/Min.), und der **ADAC Kiel**, Tel. 04 31/660 21 44, erteilen Auskunft über aktuelle Fährverbindungen.

Wyker Dampfschiffs-Reederei Föhr-Amrum, Tel. 018 05/08 01 40 (0,14 €/Min.), www.faehre.de. Fähren von Dagebüll und Schlüttsiel nach Föhr, Amrum, Hooge, Langeneß.

Adler-Schiffe, Tel. 048 42/900 00, www.adler-schiffe.de. Fähren von Nordstrand zu den Halligen, nach Sylt und Amrum.

Neue Pellwormer Dampfschifffahrts-GmbH, Tel. 048 44/753, www.faehre-pellworm.de. Pendelverkehr zwischen Pellworm und Nordstrand.

Reederei H. G. Rahder, Tel. 048 34/36 12, www.rahder.de. Von Büsum nach Helgoland und durch das Wattenmeer.

Reederei Cassen Eils, Tel. 047 21/350 82, www.helgolandreisen.de. Im Winter von Cuxhaven, im Sommer von Büsum nach Helgoland.

Reederei Warrings, Tel. 044 64/949 50, www.reederei-warrings.de. Fahrten zu den Seehundbänken vor Helgoland ab Wilhelmshaven.

Förde Reederei Seetouristik, Tel. 04 61/ 86 40, www.frs.de. Von Cuxhaven und Hamburg nach Helgoland.

Bank und Post

Bank

Banken sind in der Regel Mo–Fr 8.30–12.30 und 14–16 Uhr geöffnet.

Auch auf den Inseln sind **Geldautomaten** vorhanden, an denen man mit Maestro/ EC- bzw. einer der gängigen Kreditkarten unabhängig von den Schalterstunden Bargeld abheben kann.

Post

Öffnungszeiten sind meist Mo–Fr 9–12 und 14–18 Uhr, Sa 9–12 Uhr. In kleineren Orten übernehmen Agenturen in Lebensmittel- oder Schreibwarenläden die Postdienste.

Einkaufen

Lebensmittel

Beliebte kulinarische Mitbringsel sind Kieler Sprotten, wahlweise geräucherte Bücklinge, Makrelen, Aale oder Krabben. In speziellen Katen werden köstliche **Rauchmettwürste** und **-schinken** hergestellt. In Lübeck vertreibt die Traditionsfirma Niederegger vielfältige Köstlichkeiten aus feinstem **Marzipan** [s. S. 115].

Souvenirs

In den Hafenorten beider Küsten gibt es allerlei Maritimes und Landestypisches zu kaufen, etwa **Buddelschiffe** und **Friesennerze**, die bekannten gelben Regenjacken. Darüber hinaus ist Kellinghusen, zwischen Itzehoe und Bad Bramstedt gelegen, bekannt für seine **Fayencen**, Fliesen mit traditionellen Motiven. In Malente kann man **Glasbläsern** bei der Arbeit zusehen und ihre Produkte erstehen, und das Handwerkerstädtchen Preetz gilt als gute Adresse für den Kauf von **Holzschuhen**. In Neustadt an der Lübecker Bucht wird die alte Kunst des

Herzhaftes für Leib und Seele

Die deftigen und kräftigen Gerichte aus Omas Kochbuch findet man nur selten in Gaststätten oder Restaurants. Man hält sie wohl für zu schwer oder will dem Gast keine geschmacklichen Experimente zumuten, denn die hiesigen Köche kombinieren oft verschiedene Geschmacksrichtungen. **Gröner Heini**, also Birnen, Bohnen und Speck oder Kochwurst, schmeckt süß-sauer, ebenso kandierte Röstkartoffeln oder Hecht mit Stachelbeerkompott. Allein schon die originellen Namen verdienen Beachtung, wie **Schwarzsauer**, ein kräftiger, mit Blut gekochter Schlachteintopf, oder **Lübecker National** mit Steckrüben, Kassler und Kartoffeln. Das bekannteste Küstengericht ist wohl der **Labskaus**, eine Mischung aus durchgedrehtem Pökelfleisch, Kartoffelmus, Matjes und Roten Beeten. **Dickmusik** nennt sich ein Eintopf aus der Probstei mit Möhren, Lauch, Bohnen, Erbsen, Kartoffeln und durchwachsenem Speck, **Snüsch** heißt ein buntes Gemüsepotpourri, zu dem geräucherte Wurst, Schinken oder Salzheringe serviert werden.

Zum Nachtisch gibt es **Mehlbüddel**, Teigklöße, die mit Dörrobst oder mit Specksoße und Sirup gereicht werden. Zur Herstellung von **Rode Grütt** (hochdeutsch: Rote Grütze) sind aufgekochte rote Früchte und Beeren nötig, die man pur servieren kann, aber auch mit Sahne, Gries, Vanillesoße oder mit Eis. Als Höhepunkt norddeutscher Backkunst gilt die **Friesentorte**, eine verführerische Komposition aus Blätterteig, würziger Creme, Sahne und Pflaumenmus.

Matjes-Variation – die regionale Küche bietet Herzhaftes, oft kreativ zubereitet

Manchmal hilft nach dem reichhaltigen Essen nur noch ein **Köm**, ein Aquavit oder Kornbrand. Gern werden auch herbfrische Biere aus Dithmarschen und Flensburg sowie **Bölkstoff** aus Kiel getrunken. Eine Besonderheit ist der importierte, in Eichenfässern gereifte französische Rotwein. Nach einigen Jahren Lagerzeit erhält er eine unverwechselbare Geschmacksnote und heißt dann **Lübecker Rotspon**. Bei kaltem Wetter kann ein heißer **Grog** die Lebensgeister wieder wecken: Wasser, Zucker, vor allem aber Rum gehören dazu. Für einen **Eiergrog** werden Eigelb, Rum und Zucker in heißem Wasserbad geschlagen. Auch ansonsten ist Rum unverzichtbar, als **Pharisäer** kommt er mit Kaffee, als **Tote Tante** mit Kakao zu Ehren, beides aber bitte mit Sahne.

Blaudrucks mit Indigo gepflegt. Individuelles Design zeichnet die **Töpferwaren** von Fehmarn aus und auch in Keitum auf Sylt bieten viele **Kunsthandwerker** ihre Arbeiten an.

Essen und Trinken

Schleswig-Holstein ist ein Paradies für Liebhaber von **Fischgerichten** und **Meeresfrüchten**. Ob Hering oder Hummer, Aal oder Auster: besonders gut mundet es, wenn man den Fang an der Küste direkt vom Kutter kauft und frisch zubereitet genießt. Sehr beliebt in Meeresnähe sind Dorsch und Sprotte. Im Binnenland bereichern Süßwasserfische wie Hecht, Karpfen oder Maräne (eine seltenere Art der Renke) das reiche Angebot. Neben Fleisch runden Obst und Gemüse, namentlich Kohl, das kulinarische Angebot des hohen Nordens ab.

Verfeinerte lokale Spezialitäten bieten mehrere Restaurants u.a. während des **Schleswig-Holstein Gourmet-Festivals** (Tel. 030/780 98 85 15, www.gourmetfestival.de) zwischen Mitte September und Mitte März.

Feiertage

Gesetzliche Feiertage sind Neujahr, Karfreitag, Ostermontag, 1. Mai (Tag der Arbeit), Christi Himmelfahrt, Pfingstmontag, 3. Oktober (Tag der Deutschen Einheit), 31. Oktober (Reformationstag), 25./26. Dezember (Weihnachten).

Festivals und Events

Februar

Am 21. Februar wird auf den nordfriesischen Inseln und den Halligen der Winter beim **Bijkebrennen** ausgetrieben. Dazu werden hoch aufgeschichtete Berge, *Bijke*, aus Holz, Gestrüpp und Stroh in Brand gesteckt.

Kiel: Ende Februar trifft man sich beim *Kieler Umschlag*, im Mittelalter wichtigster Termin des Jahres für jegliche Art von Finanzgeschäften, heute ein Volksfest mit Jahrmarkt (www.kieler-umschlag.de).

Marne: Die norddeutsche Jeckenhochburg lädt zu *Karnevalsfestivitäten*, zum Rosenmontagszug und Prunksitzungen.

April

Wedel: Beim *Ochsenmarkt* Ende April wechseln jedes Jahr rund 200 Tiere den Besitzer (www.wedel.de).

Mai

Flensburg: Alte Schoner und Windjammern segeln bei der internationalen *Rum-Regatta* um die Wette (www.rumregatta.de).

Kappeln: Während der *Heringstage* dreht sich hier alles um den leckeren Fisch (www.kappelner-heringstage.de).

Nordfriesland: Bei den *Nordfriesischen Lammtage* feiert man u.a. mit knusprigem Lammbraten. Auf der Halbinsel Eiderstedt wählt man sogar eine Lammkönigin (www.lammtage.de).

Landesweit: Zu Pfingsten feiert man vielerorts *Gilde- und Schützenfeste*, an der Küste Nordfrieslands werden *Ringreitturniere* veranstaltet: Dabei versuchen Reiter, einen an Seilen herabhängenden Ring im Galopp mit der Lanze aufzuspießen.

Preetz: Ende Mai steigt das *Schusterfest* mit Musik und Tanz (www.preetz.de)

Juni

Bad Segeberg: Von Ende Juni bis Anfang September reiten bei den *Karl-May-Spielen* Old Shatterhand und sein roter Bruder Winnetou über die Freilichtbühne (www.karl-may-spiele.de).

Glückstadt: Zarte Heringsfilets stehen bei den *Glückstädter Matjeswochen* Mitte Juni im Mittelpunkt des Interesses (www.matjes-wochen.de).

Kiel: Die *Kieler Woche* wird mit Wettfahrten der weltbesten Segler sowie buntem Treiben am Kai entlang begangen (www.kieler-woche.de).

Krempe: Zu Monatsende bestimmen beim *Fest der Kremper Stadtgilde* Fahnenschwenker und Tamboure das Ortsbild (www.alte-krempe-stadtgilde.de).

Schleswig: Bei den *Schlossfestspielen* von Ende Juni bis Mitte Juli kann man in Schloss Gottorf Theatervorführungen des Schleswig-Holsteinischen Landestheaters und Konzerte besuchen (www.sh-landestheater.de).

Juli

Landesweit: Im Juli/August finden in Scheunen, Herrenhäusern etc. klassische Konzerte des *Schleswig-Holstein Musikfestivals* statt (www.shmf.de).

Eutin: Anfang Juli beginnen im Schlossgarten die *Eutiner Festspiele* mit Opern- und Konzertaufführungen (www.eutiner-sommerspiele.de).

Heide: Der *Heider Marktfrieden* erinnert alle zwei Jahre (2012, 2014) an die Tage der Bauernrepublik Dithmarschen. Auf dem Marktplatz herrscht ein buntes, mittelalterlich anmutendes Treiben. (www.heider-marktfrieden.de).

Heiligenhafen: Die *Heiligenhafener Hafenfesttage* bieten Gelegenheit, sich zu Konzerten, zum Fischessen oder einfach nur zum gemütlich anregenden Schwofen rund um die Hafenbecken zu treffen (www.hafenfesttage.de).

Sylt: Bis in den August bietet das *Meerkabarett* ein buntes Spitzenprogramm (www.meerkabarett.de).

Travemünde: Mitte Juli bis Anfang August findet die *Travemünder Woche* mit Segelregatten statt. An Land steigen Tanzveranstaltungen und Budenzauber (www.travemuender-woche.net).

August

Büsum: Zur Monatsmitte geht es bei der *Büsumer Kutterregatta* fröhlich zu, wenn unter den örtlichen Fischkuttern das schnellste Schiff ermittelt wird.

Grömitz Umgebung: Zum *Klosterfest in Cismar* am zweiten Wochenende im August stellen die besten Kunsthandwerker des Landes in dem altehrwürdigen Gemäuer ihre Erzeugnisse aus.

Nordstrand: Das vorletzte Wochenende dieses Monats gehört den *Nordstrander Rungholttagen*. Vorträge, Lesungen und geführte Wanderungen gelten dem Gedenken dieses legendären, 1362 bei einer Sturmflut versunkenen Inselortes (www.lust-auf-nordstrand.de).

September

Dithmarschen: Die *Dithmarscher Kohltage* werden in der gesamten Region mit Volksfesten und sportlichen Wettkämpfen gefeiert. Daneben stehen natürlich die vielfältigen kulinarischen Köstlichkeiten aus Kohl im Vordergrund und zahlreiche Restaurants bieten in dieser Zeit so genannte 3-Taler-Gerichte (für etwa 5 €) zum Probieren an (www.dithmarscher-kohltage.de).

Lübeck: Alle zwei Jahre (2012, 2014) verwandelt sich Lübeck zum *Altstadtfest* in einen ausgedehnten Festplatz voller Atmosphäre und Heiterkeit.

Sylt: Zum Monatsende treffen die weltbesten Könner zum *WIndsurf World Cup Sylt* aufeinander – und im Anschluss an die Wettkämpfe steigt eine Riesenfete (www.windsurfworldcupsylt.de).

Oktober

Travemünde: Am ersten Wochenende heben beim *Herbstdrachenfest* bis zu 50 fantasievoll gestaltete Flugdrachen ab – ein so farbenfrohes wie aufregendes Spektakel (www.travemuende.de).

Oktober/November

Lübeck: Bei den *Nordischen Filmtagen* werden baltische und skandinavische Filme vorgeführt und prämiert (www.filmtage.luebeck.de).

Dezember

Lübeck: Der *Weihnachtsmarkt* auf dem mittelalterlichen Rathausplatz ist einer der schönsten im Norden Deutschlands (www.luebecker-weihnachtsmarkt.de).

Klima und Reisezeit

Im Osten und Westen vom Meer eingefasst, herrscht in Schleswig-Holstein ausgesprochenes **Seeklima:** Die Sommer sind mäßig warm und die Winter mild. Mai bis August gelten als sonnenreichste Monate und im Hochsommer erwärmt sich das Wasser in Nord- und Ostsee auf 16–19 °C. Im Herbst treten zahlreiche Stürme auf, die der Nordseeküste schon mal ›Land unter‹ bringen. Vom Meer her weht das ganze Jahr über beständiger **Wind**. Das Wetter kann im übrigen sehr schnell umschlagen.

Klimadaten Kiel

Monat	Luft (°C) min./max.	Wasser (°C)	Sonnen-std./Tag	Regen-tage
Januar	-2/ 2	2	1	18
Februar	-2/ 3	2	2	16
März	0/ 6	3	3	13
April	3/11	6	5	13
Mai	7/15	11	8	12
Juni	11/19	16	8	14
Juli	13/22	18	7	14
August	13/21	18	6	15
Sept.	11/18	16	5	15
Okt.	7/13	12	3	17
Nov.	3/ 7	8	2	19
Dez.	0/ 4	5	1	19

(Wassertemperaturen Travemünde)

Kultur live

Schleswig-Holsteinisches Landestheater und Sinfonieorchester, www.sh-landestheater.de. Theater, Konzerte, Ballett und Puppentheater auf verschiedenen Bühnen, z. B. in Flensburg, Schleswig, Itzehoe und Rendsburg. Bei den Spielstätten sind auch die Tickets erhältlich.

Kuren

Die salzhaltige Luft am Meer gilt als hilfreich bei Haut- und Lungenproblemen. Viele Seebäder an Ost- und Nordsee bieten *Thalassotherapie* an, eine Kombination aus klima- und bädertherapeutischen Maßnahmen. Auf *Kneipp-Kuren* mit Wassertherapie, Bewegungstraining, kalorienreduzierter Vollwertkost und Entspannungsübungen haben sich die Orte Malente, Mölln und Gelting spezialisiert.

Heilbäderverband Schleswig-Holstein, Holtenauer Straße 99, Kiel, Tel. 0431/ 2108838, www.heilbaederverband-sh.de

Kurtaxe

An den meisten **Stränden** Schleswig-Holsteins zahlen Besucher eine Kurtaxe von 2–4 € pro Tag, je nach Lage und Saison. Kinder sind häufig von dieser Gebühr ausgenommen. Die Einnahmen werden meist dafür verwendet, Strände und Promenaden zu pflegen oder Rettungsdienste zu finanzieren.

Seit einigen Jahren erkennen die meisten schleswig-holsteinischen Ferienorte ihre **Kurkarten** gegenseitig an. Hat man bereits an einem Urlaubsort bezahlt, kann man meist kurtaxepflichtige Einrichtungen eines anderen kostenlos besuchen.

17 Ostseebäder haben die herkömmliche Kurkarte durch die **Ostseecard** ersetzt. Diese elektronische Chipkarte bietet neben zahlreichen Ermäßigungen und freiem Zugang zu den Stränden der teilnehmenden Orte, Rabatte in einigen Geschäften, Hotels und Restaurants. **Infos**: www.ostseecard.de

Sport

Angeln

Die Flüsse, Bäche und Seen verfügen über reiche Fischgründe und laden Angler zum Süßwasserfischen ein. Ein **Fischereischein** ist allerdings nötig, darüber hinaus stellt die jeweilige Gemeinde auch einen *Urlauberfischereischein* aus.

Von vielen Häfen entlang der Nord- und Ostseeküste aus kann man an Bord von Kuttern zum **Hochseeangeln** fahren.

Landessportfischerverband Schleswig-Holstein, Papenkamp 52, 24114 Kiel, Tel. 0431/676818, www.lsfv-sh.de

Gut getönt! Schleswig-Holstein Musik Festival, hier auf Gut Hasselburg bei Neustadt

Baden

Die Strände entlang der etwa 900 km langen Küstenlinie beider Meere sowie die mehr als 300 Seen Schleswig-Holsteins locken zu ausgiebigem Badespaß. Viele Ostseestrände fallen flach ab und sind daher auch für kleinere Kinder gut geeignet. Nicht umsonst ist die **Lübecker Bucht** ausgesprochen beliebt.

Aufregend, wenn auch nicht ungefährlich ist es, den mächtigen Brandungswellen vor den Nordseestränden von Amrum und Sylt zu trotzen. Mitunter können tückische **Unterströmungen** auftreten, die selbst gute Schwimmer nicht unterschätzen sollten. Mit einem Wimpel sind jene Strände gekennzeichnet, die von **Rettungsschwimmern** bewacht werden und an denen man während der Saison sicher baden kann.

Hüllenloses Baden ist in Schleswig-Holstein an vielen Stränden möglich und üblich. Meist sind in den Badeorten spezielle Küstenabschnitte als **FKK-Strände** ausgewiesen.

Strandwärts strampelt sich's immer fein – es muss ja nicht gleich von Küste zu Küste sein

Golf

Golfer haben in Schleswig-Holstein die Auswahl zwischen über 60 Golfplätzen. Sie gehören meist zu Klubs, einige können gegen eine Gebühr auch von Urlaubern genutzt werden.

Golfverband Schleswig-Holstein, Schloßstr. 5–7, 23710 Eutin, Tel. 045 21/ 83 06 66, www.gvsh.de

Mit der **Golfküsten-Card** kann man für eine Pauschale auf bis zu fünf Anlagen spielen. **Infos**: www.golfkueste.de

Kanu- und Kajakfahren

Flüsse und Seen bieten schier endlose Paddelstrecken. Nützliche Tipps und reizvolle Routenvorschläge gibt es unter: www.sh-kanuland.de

Radfahren

Das flache Schleswig-Holstein scheint für das Fahrradfahren wie geschaffen. Gut ausgebaute **Fernradwege** – wie der historische *Ochsenweg* [s. S. 20], der 250 km von Flensburg bis nach Wedel führt, oder der 438 km lange *Ostseeküstenradweg* – werden von einem Netz lokaler und regionaler Fahrradwege ergänzt. In beinahe jedem Ferienort kann man einen Drahtesel leihen und zur erholsamen Natur-Erlebnistour aufbrechen – wie etwa von Süderbrarup nach Schleswig auf der Trasse einer stillgelegten Bahnstrecke [s. S. 20]. Allgemeine **Infos**: s. S. 131

Reiten

Ausritte am Strand, über Marschland oder durch die weiten Mischwälder – die Auswahl ist nahezu unbegrenzt. Für Kinder ohne Elternbegleitung bieten pädagogisch betreute Pony- und Reiterhöfe ein attraktives Freizeitangebot und auch um Erwachsene bemühen sich zahlreiche Reiterhöfe, Reitschulen oder Gestüte, in die man häufig sogar sein eigenes Pferd mitbringen kann.

Urlaub auf dem Bauernhof, Holstenstr. 106/108, Kiel, Tel. 04 31/979 73 45, www.komm-zum-reiten.de

Segeln

An Schleswig-Holsteins Ost- und Nordseeküste gibt es knapp 300 Sportboothäfen. Marinas bieten mehr als 18 500 Liegeplätze für Sportboote an. Die **Ostsee** ist ein ruhigeres Segelrevier, für Törns in der **Nordsee** muss man mehr Erfahrung und seemännisches Können mitbringen. An vielen Seen, in Meeresbuchten und Förden lassen sich Boote stundenweise, für einen Tag oder wochenweise leihen. Auch wer keinerlei Segelerfahrung besitzt, kann auf stilvollen Großseglern mitsegeln. Schnuppertouren werden ebenso angeboten wie mehrere Tage dauernde Törns.

Wer das Segeln erlernen möchte, kann Kurse bei einer der zahlreichen **Segelschulen** an den Binnenseen oder an den Meeresküsten besuchen.

Die **ADAC-Sportschifffahrt** erteilt ausführliche wassertouristische Informationen und hält eine Liste der Marinas und Charterfirmen bereit. ADAC-Mitglieder sollten sich vor Ort nach günstigen Konditionen erkundigen. **Infos**: www.adac.de/sportschifffahrt

Wandern

Schleswig-Holstein präsentiert sich als ideales Wanderrevier, ob man am Deich oder Strand entlanggeht oder einen der Naturparks auf Schusters Rappen erforscht. Ein besonderes Erlebnis an der Nordseeküste ist das **Wattwandern**. Den nackten Füßen tut das Laufen über den gerippten Wattboden besser als jede Massage. Wer die Gezeitentabelle berücksichtigt, kann auf eigene Faust kurze Wanderungen ins Watt unternehmen. Sehr zu empfehlen ist auch die dreistündige Wattwanderung von Föhr nach Amrum oder umgekehrt (der Rückweg ist wegen auflaufenden Wassers nur mit Bus und Fähre möglich). Sie sollte jedoch nur mit einem sachkundigen örtlichen Führer unternommen werden. **Infos**: www.naturpilot-sh.de

Windsurfen

Gesurft wird überall, auf Seen, in Buchten und auf dem Meer, auch in der Brandung und bei steifer Nordseebrise. Oft sind eigene Surfreviere ausgewiesen, damit die Anhänger dieser Sportart die Badenden nicht stören. Entlang der Küste bieten allenthalben Surfschulen Anfänger- und Fortgeschrittenenkurse an, in den meisten Badeorten kann man Bretter leihen. Der **Windsurf World Cup Sylt** (www.windsurfworldcupsylt.de) Ende September ist mit mehr als 200 000 Zuschauern der Höhepunkt der Saison.

Hohe Wellen und eine lang gezogene Dünung ermöglichen auf Sylt und Amrum auch das **Wellenreiten**, gewissermaßen Surfen ohne Segel. Immer beliebter wird auch das Kitesurfen, bei dem sich die tollkühnen Surfer von einem Drachen ziehen lassen.

Statistik

Lage: Das Land Schleswig-Holstein liegt zwischen der Nordsee im Westen und der Ostsee im Osten. Nachbar im Norden ist das dänische Königreich. Im Süden reicht Schleswig-Holstein, Hamburg von drei Seiten umschließend, bis an die Elbe, an deren Ufer gegenüber Niedersachsen beginnt. Zwischen Travemünde und Lauenburg verläuft im Südosten die Landesgrenze zu Mecklenburg-Vorpommern.

Fläche: 15 799 km^2.

Verwaltung: Der Regierungsbezirk Schleswig-Holstein ist in die vier kreisfreien Städte Kiel, Lübeck, Flensburg und Neumünster sowie in elf Kreise mit 1122 Gemeinden gegliedert.

Einwohner: 2,83 Mio. Einw. , die meisten davon evangelisch. Rund 50 000 Schleswig-Holsteiner zählt man zur dänischen Minderheit, 50 000–60 000 werden der friesischen Volksgruppe zugerechnet.

Landeshauptstadt: Kiel (238 000 Einw.)

Binnengewässer: Der Große Plöner See (29 km^2), der Selenter See (22 km^2) sowie der Große Ratzeburger See (13 km^2) sind die ausgedehntesten der vielen schleswig-holsteinischen Binnenseen. Den gut 23 km^2 umfassenden Schalsee teilt sich Schleswig-Holstein mit Mecklenburg-Vorpommern. Die größten Flüsse des Landes sind Treene, Eider und Stör, die in Nordsee und Elbe münden, sowie die zur Ostsee fließende Trave. Sie werden ergänzt durch auch wirtschaftlich bedeutende Kanäle wie den Nord-Ostsee- und den Elbe-Lübeck-Kanal.

Wirtschaft: Schleswig-Holstein zählt zu den strukturschwachen Ländern mit einem Bruttoinlandsprodukt von 73,5 Mrd. €. Davon erwirtschaften Land- und Forstwirtschaft sowie Fischerei 1,6 %, das produzierende Gewerbe steuerte 22,1 % bei. Handel, Gastgewerbe und Verkehr hatten einen Anteil von etwa 21 %, der restliche Dienstleistungsbereich gut 50 %. Mit einem Umsatz von rund 5 Mrd. € und 130 000 Beschäftigten gehört der Tourismussektor zu den wichtigen Einzelwirtschaftsbereichen.

Unterkunft

Camping

Etwa 300 gut ausgebaute Campingplätze an beiden Meeren, an Seen und Flüssen bieten Stellplätze für Zelte, Wohnwagen und Campmobile. Viele Plätze halten auch Mietwohnwagen oder Ferienhütten für Gäste bereit.

Verband der Campingunternehmer Schleswig-Holstein, Kiefernweg 14, 23829 Wittenborn, Tel. 045 54/705 65 33, www.vcsh.de

Auskünfte über geprüfte Plätze geben die jährlich aktualisierten und im Buchhandel oder Internet erhältlichen *ADAC Camping Caravaning Führer*, *ADAC Stellplatz Führer* und *ADAC Bungalow Mobilheim Führer*.

Ferienhäuser und Apartments

Das Angebot an Wohnungen und Häusern, die Selbstverpflegung erlauben, nimmt immer weiter zu. Besonders Familien mit Kindern nutzen diese preisgünstige und oft gemütliche Übernachtungsform.

Hotels und Gasthöfe

Etwa 1500 Hotels und Gasthöfe unterschiedlicher Ausstattung bieten in allen Regionen des Landes solide Unterkunft, meist der Mittelklasse. Luxuriöse Unterkünfte sind in Schleswig-Holstein eher rar, allein auf Sylt findet sich eine größere Zahl von Unterkünften, die auch sehr luxuriösen Ansprüchen genügen.

Jugendherbergen

In den 48 Jugendherbergen zwischen Sylt und Kreis Herzogtum Lauenburg werden Mitglieder des Deutschen Jugendherbergswerks bevorzugt aufgenommen und zahlen einen etwas geringeren Übernachtungspreis.

Deutsches Jugendherbergswerk, Landesverband Nordmark, Rennbahnstr. 100, Hamburg, Tel. 040/65 59 95 66, www.djh-nordmark.de

Urlaub auf dem Bauernhof

Mehr als 3000 Bauernhöfe in allen Landesteilen bieten Zimmer und Apartments. Auf einigen Höfen steht die Landwirtschaft nach wie vor im Mittelpunkt, andere sind Nebenerwerbsbetriebe oder Resthöfe, die Urlaubern einen erholsamen Aufenthalt in ländlicher Umgebung anbieten.

Arbeitsgemeinschaft Urlaub auf dem Bauernhof in Schleswig Holstein, Am Kamp 15–17, Rendsburg, Tel. 043 31/945 35 82, www.bauernhof-erlebnis.de

Vor allem im Bereich des Nord-Ostsee-Kanals gibt es mehrere Bauernhöfe, auf denen Reisende zünftig auf dem **Heuboden** übernachten können, für sanitäre Einrichtungen, einen Aufenthaltsraum und ein ländliches Frühstück ist gesorgt.

Tourist-Information Nord-Ostsee-Kanal, Schiffbrücken Galerie, Rendsburg, Tel. 043 31/211 20, www.tinok.de

Wind- und Wassermühlen

Etwas mehr als 100 Wind- und Wassermühlen sind in Schleswig-Holstein von den gut 1000 Mühlen erhalten, die noch im 19. Jh. gezählt wurden. Einige von ihnen sind heute als Museen eingerichtet, in Hotels oder Restaurants umgewandelt, andere können ohne Einschränkung besichtigt werden.

Deutsche Gesellschaft für Mühlenkunde und Mühlenerhaltung, Schwarzer Weg 2/Mühlenbauhof, Petershagen-Frille, Tel. 057 02/26 94, www.muehlen-dgm-ev.de

Verkehrsmittel

Bus und Bahn

Die innerstädtischen Verkehrsnetze mittlerer und größerer Städte sind meist gut ausgebaut. Auch in kleinere Nachbarorte oder an bekannte Strände gelangt man problemlos mit öffentlichen Verkehrsmitteln, nicht aber zu einsamen Küsten oder versteckt gelegenen Landschlössern.

Zugreisende können mit dem **Schleswig-Holstein-Ticket** für zzt. 30 € täglich mit allen Nahverkehrszügen und im Hamburger Verkehrsverbund fahren. **Infos**: Tel. 018 05/99 66 33 (0,14 €/Min.), www.bahn.de

Mietwagen

In allen größeren Städten kann man Autos leihen. ADAC-Mitglieder können über die Geschäftsstellen oder die **ADAC-Autovermietung**, Tel. 018 05/31 81 81 (0,14 €/Min.), buchen.

Schiff

An den Küsten und zwischen den Inseln herrscht ein reger Fährverkehr, auf den Binnengewässern schippern zahlreiche Ausflugsboote. Die **Praktischen Hinweise** hinter den entsprechenden Orten informieren über die jeweils interessanten Schiffsverbindungen.

Mehr erleben, besser reisen!

Ziel	ADAC Reiseführer	ADAC Reiseführer plus	ADAC Reiseführer Audio
Ägypten	■	■	
Algarve	■	■	
Allgäu	■	■	
Alpen – Freizeitparadies	■		
Amsterdam	■	■	■
Andalusien	■	■	
Australien	■	■	
Bali & Lombok	■		
Baltikum	■	■	
Barcelona	■	■	■
Bayerischer Wald	■	■	
Berlin	■	■	■
Bodensee	■	■	
Brandenburg	■	■	
Brasilien	■		
Bretagne	■	■	
Budapest	■	■	■
Bulg. Schwarzmeerküste	■		
Burgund	■		
City Guide Germany	■		
Costa Brava und Costa Dorada	■		
Côte d'Azur	■	■	
Dänemark	■	■	
Deutschland – Die schönsten Autotouren		■	
Deutschland – Die schönsten Orte und Regionen	■		
Deutschland – Die schönsten Städtetouren	■		
Dominikanische Republik	■		
Dresden	■	■	■
Dubai, Vereinigte Arab. Emirate, Oman	■	■	
Elsass	■	■	
Emilia Romagna	■		
Florenz	■	■	■
Florida	■	■	
Franz. Atlantikküste	■	■	
Fuerteventura	■	■	
Gardasee	■	■	
Golf von Neapel	■	■	
Gran Canaria	■	■	
Hamburg	■	■	■
Harz	■	■	
Hongkong & Macau	■		
Ibiza & Formentera	■		
Irland	■	■	
Israel	■		
Istanbul	■	■	
Italien – Die schönsten Orte und Regionen	■		
Italienische Adria	■	■	
Italienische Riviera	■	■	
Jamaika	■		
Kalifornien	■	■	
Kanada – Der Osten	■	■	
Kanada – Der Westen	■	■	
Karibik	■	■	
Kenia	■	■	
Korfu & Ionische Inseln	■	■	
Kreta	■	■	
Kroatische Küste – Dalmatien	■	■	
Kroatische Küste – Istrien	■	■	
Kuba	■	■	
Kykladen	■		
Lanzarote	■	■	
Leipzig	■	■	■
Lissabon	■	■	■
London	■	■	■
Madeira	■	■	
Mallorca	■	■	
Malta	■	■	
Marokko	■	■	
Mauritius & Rodrigues	■		
Mecklenburg-Vorpommern	■	■	
Mexiko	■		
München	■	■	■
Neuengland	■	■	
Neuseeland	■	■	
New York	■	■	■
Niederlande	■	■	
Norwegen	■	■	
Oberbayern	■	■	
Österreich	■	■	
Paris	■	■	■
Peloponnes	■		
Piemont, Lombardei, Valle d'Aosta	■	■	
Polen	■	■	
Portugal	■	■	
Prag	■	■	■
Provence	■	■	
Rhodos	■	■	
Rom	■	■	■
Rügen, Hiddensee, Stralsund	■	■	
Salzburg	■	■	■
St. Petersburg	■	■	
Sardinien	■	■	
Schleswig-Holstein	■	■	
Schottland	■	■	
Schwarzwald	■	■	
Schweden	■	■	
Schweiz	■	■	
Sizilien	■	■	
Spanien	■	■	
Südafrika	■	■	
Südengland	■	■	
Südtirol	■	■	
Sylt	■	■	
Teneriffa	■	■	
Tessin	■	■	
Thailand	■	■	
Thüringen	■	■	
Toskana	■	■	
Trentino		■	
Türkei – Südküste	■	■	
Türkei – Westküste	■	■	
Tunesien	■	■	
Umbrien	■		
Ungarn	■	■	
USA – Südstaaten	■		
USA – Südwest	■	■	
Usedom	■	■	
Venedig	■	■	■
Venetien & Friaul	■	■	
Wien	■	■	■
Zypern	■	■	

■ **ADAC Reiseführer**
je Band 144 bzw. 192 Seiten

■ **ADAC Reiseführer plus**
(mit Extraplan)
je Band 144 bzw. 192 Seiten

■ **ADAC Reiseführer Audio**
(mit Extraplan und Audio-CD)
je Band 144 oder 192 Seiten

Mehr erleben, besser reisen ... mit ADAC Reiseführern!

Register

Impressum

Redaktionsleitung: Dr. Dagmar Walden
Lektorat: Elisabeth Schnurrer
Bildredaktion: Johannes Graf v. Preysing
Aktualisierung: Andreas Schimkus
Karten: Mohrbach Kreative Kartographie, München
Layout: Martina Baur
Herstellung: Ralph Melzer
Druck, Bindung: Rasch Druckerei und Verlag, Bramsche

Ansprechpartner für den Anzeigenverkauf:
Kommunalverlag GmbH & Co KG,
MediaCenterMünchen, Tel. 089/92 80 96-44

ISBN 978-3-89905-292-3

Neu bearbeitete Auflage 2011

Bildnachweis

Umschlag-Vorderseite: Segelboote am Traveufer vor der Altstadt von Travemünde. Foto: Bildagentur Huber, Garmisch-Partenkirchen (Gräfenhain)

Titelseite
Oben: Wattwanderung von Amrum nach Föhr (Wh. von S. 50)
Mitte: Bunte Häuser am Hafen von Husum (Wh. von S. 38/39)
Unten: Weite Marschlandschaft in Dithmarschen (Wh. von S. 26/27)

AKG, Berlin: 12 (2), 13 (2), 14, 15 (2), 41, 43, 113 – AP Images, Frankfurt/Main: 80 oben (Heribert Proepper) – Argus, Hamburg: 26/27 (Hartmut Schwarzbach), 104 (Schroeder) – Damp Holding, Damp: 72/73, 75 – Karin de Cuveland, Bornheim: 88 – dpa Picture-Alliance, Frankfurt/Main: 128, 136 (Huber/Kreder) – F1 Online, Frankfurt: 8/9 oben, 58/59 (Prisma) – Fan/Peter Mross, Lüneburg: 6 Mitte, 53 oben – Fielmann, Hamburg: 90/91 oben, 92 – Frank Hecker, Panten-Hammer: 28 unten, 56 – Grafikfoto.de (Michael Staudt) 74 – Hartmuth Friedrichsmeier, Hamburg: 48/49 unten (Hartmut Schwarzbach) – Heide-rundum e.V., Heide: 30 (Oliver Franke) – Hotel Stadt Hamburg, Westerland: 8 Mitte – Bildagentur Huber, Garmisch-Partenkirchen: 6/7 unten, 10 unten, 28/29 oben, 31, 51, 67, 101, 102 (Gräfenhain), 25 (Damm) – Jupiterimages, Ottobrunn: 11 oben (IFA/EBI), 44/45 (IFA/Lecom), 126 (IFA/Frima) – laif, Köln: 8 unten (Raach), 11 (Kreuels), 23 (Daams), 47 unten, 48 oben (Hub), 50 (Lengler), 52, 53 unten (Hub), 66 unten (Westrich), 80 unten (Bialobrzeski), 96 (Michael Amme), 137 (Lengler) – LOOK, München: 16/17, 35, 57 (Konrad Wothe), 36, 111 (Arnt Haug), 124/125 (Johaentges) – Die Lübecker Museen: 118, 119 – Mauritius, Mittenwald: 7 oben (Merten), 10/11 oben (Rossenbach), 32/33 (Pigneter), 38/39 (Torsten Krüger), 62 (Reinhard Kliem), 86 (Minden Pictures), 112 (imagebroker/Katja Kreder) – Jörg Müller, Westerland: 55 – Museum Kunst der Westküste, Alkersum/Föhr: 47 oben – J. G. Niederegger, Lübeck: 115 unten – Erhard, Pansegrau, Berlin: 40 oben, 109 – Paul Spierenburg, Hamburg: 9 unten, 10 Mitte, 34, 37, 40 unten, 54, 61 unten, 65, 76, 79, 82, 83, 84, 85, 90 unten, 94, 95, 97, 98, 99, 100, 103, 105, 106, 114/115 oben, 116, 120, 127, 129 – Phänomenta, Flensburg: 61 oben (Christoph Schellhaus) – PhotoPress, Stockdorf/München: 87 (Dreyling), 122/123 (Rose) – Schapowalow, Hamburg: 21 (Zoellner), 70/71 (DLB), 77 (FAN) – Martin Siepmann, Geretsried: 117 – Stiftung Schleswig-Holsteinische Landesmuseen Schloss Gottorf, Schleswig: 64 oben, 66 oben – Tolk-Schau, Tolk: 64 unten – Ullstein Bild, Berlin: 18/19 (Colorvision), 71 (imagebroker.net) – Ingo Wandmacher, Bad Schwartau: 133 – Wikinger Museum Haithabu 69 (2) – Ernst Wrba, Sulzbach am Taunus: 11 Mitte, 46

VEOLIA
VERKEHR